LITERATURA
SABERES EM MOVIMENTO

Aparecida Paiva
Aracy Martins
Graça Paulino
Hércules Corrêa
Zélia Versiani
(Orgs.)

LITERATURA

SABERES EM MOVIMENTO

Ceale* Centro de alfabetização, leitura e escrita
FaE / UFMG

autêntica

COPYRIGHT © 2007 BY CENTRO DE ALFABETIZAÇÃO,
LEITURA E ESCRITA (CEALE)

PROJETO GRÁFICO DA CAPA
Julia Elias e Marco Severo

CONSELHO EDITORIAL DA COLEÇÃO LITERATURA & EDUCAÇÃO
*Aparecida Paiva, Graça Paulino, Magda Soares,
Regina Zilberman, Anne Marie-Chartier*

REVISÃO
Vera Lúcia De Simoni Castro

EDITORAÇÃO ELETRÔNICA
Conrado Esteves

Todos os direitos reservados pela Autêntica Editora.
Nenhuma parte desta publicação poderá ser reproduzida,
seja por meios mecânicos, eletrônicos, seja via cópia
xerográfica, sem a autorização prévia da editora.

BELO HORIZONTE
Rua Aimorés, 981, 8º andar. Funcionários
30140-071. Belo Horizonte. MG
Tel: (55 31) 3222 68 19
TELEVENDAS: 0800 283 13 22
www.autenticaeditora.com.br
e-mail: autentica@autenticaeditora.com.br

SÃO PAULO
Tel.: (55 11) 6784 5710
e-mail: autentica-sp1@autenticaeditora.com.br

Paiva, Aparecida
P149l   Literatura – saberes em movimento / organizado por Aparecida Paiva,
Aracy Martins, Graça Paulino, Hércules Corrêa, Zélia Versiani . — Belo
Horizonte : Ceale; Autêntica, 2007.

184 p. —(Coleção Literatura & Educação, 7)

ISBN: 978-85-7526-260-3

1.Educação. 2.Literatura-estudo e ensino. I.Martins,Aracy. II.Paulino,Graça.
III.Corrêa,Hércules. IV.Versiani, Zélia. V. Título. VI. Coleção

CDU 316.77:17
659.1

Ficha catalográfica elaborada por Rinaldo de Moura Faria – CRB6-1006

Sumário

Apresentação
O Jogo dos saberes literários
Hércules Corrêa e Aracy Martins.. 7

Introdução
Literatura e educação: diálogos
Vera Teixeira de Aguiar... 17

Parte I – Saberes literários e a escola como instância de formação de leitores

Capítulo 1
Jogos de linguagem, redes de sentido: leituras literárias
Maria Antonieta Pereira... 31

Capítulo 2
Literatura e alfabetização: quando a criança organiza o caos
Maria Zélia Versiani Machado.. 47

Capítulo 3
Alfabetização e letramento : os processos e o lugar da literatura
Cecília Goulart... 57

Capítulo 4
Literatura infantil e juvenil: uma reflexão sobre a construção da infância e da adolescência
Marta Passos Pinheiro... 69

Capítulo 5
Critérios para a constituição de um acervo literário para as séries iniciais do ensino fundamental: o instrumento de avaliação do PNBE 2005
Ludmila Andrade e Patrícia Corsino 79

Capítulo 6
Quem conta um conto aumenta um ponto? Adaptações e literatura para jovens leitores
Andréa Antolini Grijó 93

Parte II – Saberes literários e outras instâncias socioculturais de formação de leitores

Capítulo 7
A criança e a linguagem: entre palavras e coisas
Maria Cristina Soares de Gouvea 111

Capítulo 8
Teatro e literatura: encontros e possibilidades
Cida Falabella 137

Capítulo 9
O mercado, o ensino e o tempo: o que se aprende com a literatura que se vende?
Graça Paulino 145

Capítulo 10
A formação do leitor em livros de memórias: leituras de Infância, de Graciliano Ramos, e O menino da mata e seu cão Piloto, de Vivaldi Moreira
Hércules Corrêa 155

Capítulo 11
A traição autobiográfica
Eneida Maria de Souza 169

Os autores 179

APRESENTAÇÃO

O JOGO DOS SABERES LITERÁRIOS

Hércules Corrêa
Aracy Martins

Escritores, poetas e professores de literatura (principalmente os universitários) costumavam ser quase unânimes em afirmar que a "boa literatura" não foi feita para ensinar nada. A literatura não teria compromisso com o ensino e, portanto, um texto literário deveria ser apreciado como um objeto artístico, pelo seu trabalho de elaboração lingüística, como se aprecia uma pintura ou uma escultura, pela elaboração da matéria-prima. O título deste livro – *Literatura: saberes em movimento* – parece contradizer afirmações semelhantes a essa: se o substantivo literatura é associado a saberes, associa-se literatura a conhecimentos.

Todos já sabemos que os sentidos não estão nas palavras, são os usuários da língua que atribuem às palavras seus sentidos. Portanto, um possível sentido a ser atribuído à aproximação entre os termos literatura e saberes é que a literatura pode nos proporcionar diferentes formas de conhecimento, já que a palavra saberes aparece no plural. Importante também é analisar a locução que acompanha a palavra saberes: "em movimento". Essa locução nos faz pensar os saberes como algo móvel, cambiante, mutante. Adjetivos estes antagônicos aos sentidos de imóvel, estático, parado. Pode-se arriscar, então, a idéia de que a literatura, mesmo sem ser produzida exclusivamente para ensinar algo, proporciona aos leitores saberes. Saberes esses que se movem, se entrecruzam, se somam, se multiplicam, se dividem e, por que não, se subtraem.

Culturas, Conhecimentos, Linguagens, expressões que resumem, no plural, aqueles que consideramos hoje os três principais eixos desses possíveis e pertinentes diálogos sobre a literatura e seu ensino ou suas mediações educativas na escola e na sociedade, os diferentes saberes em movimento. Este livro constitui o resultado de reflexões e discussões entre pessoas interessadas no letramento literário.

O tema escolhido tem como objetivo redimensionar o papel de ações e práticas educativas num momento em que se discutem políticas culturais para o livro e para a leitura no País.

Com este livro, o Grupo de Pesquisa do Letramento Literário quer aprofundar a discussão sobre as relações entre literatura e educação. Dessa forma, a leitura literária é abordada na sua interface com outras linguagens, tais como a do teatro e a das artes plásticas e suas possibilidades mediadoras que produzem novos modos de ler a literatura na contemporaneidade. Procuramos refletir sobre a produção do conhecimento e a formação de leitores de livros da literatura e contribuir para o amplo debate sobre a circulação e distribuição de livros para crianças, jovens e adultos no Brasil, destacando a importância da aproximação entre ensino, pesquisa e políticas públicas de leitura.

Como o livro se organiza

Este livro traz à discussão, como introdução, no primeiro texto, "Literatura e Educação: diálogos", da pesquisadora Vera Teixeira Aguiar, as matrizes etimológicas dos termos Literatura e Educação, com dados de pesquisa, preconizando a troca de experiências entre universos diferenciados, *fermentando* o diálogo entre essas duas instâncias, seja na escola, seja em outras esferas socioculturais de formação de leitores.

Por isso se divide o livro em duas partes: parte I, em que os saberes literários circulam em ambientes e processos de escolarização; e parte II, em que esses saberes se processam em diálogo com outras artes, com o cotidiano, com forças sociológicas da sociedade atual.

A primeira parte do livro dedica suas reflexões a dois pontos de vista muito relevantes no processo de formação de leitores: os saberes literários que se relacionam com a escola, mas que se processam antes ou fora dela, em instâncias livres e informais, e aqueles saberes literários mediatizados pela escola, naturalmente, enquanto foco, sem uma dicotomização estrita, pois ambos os conjuntos de textos que compõem as subpartes desta primeira parte tangenciam-se um ao outro, dando cada texto ênfase a um aspecto.

A subparte que aborda os saberes literários por uma perspectiva livre e informal se inicia com o significado do jogo na vida, em sociedade. O texto da pesquisadora Antonieta Pereira, "Jogos de linguagem, redes de sentido: leituras literárias", ao escolher a palavra "jogo", por trazer a idéia de leitura como algo que, "sendo divertido, imaginativo e gracioso, é de ordem estética", remete à discussão de jogo, desde as sociedades mais primitivas até a era das tecnologias, citando *Homo Ludens,* de Huizinga, com todas as suas características lúdicas: "ordem, tensão, movimento, mudança, solenidade, ritmo, entusiasmo". E quanto ao letramento literário, ainda acrescenta a mesma autora que, "num país que teve o privilégio de gerar educadores como Paulo Freire, é preciso aprender a ler a vida – não só a vida pessoal de cada um, embora também ela; não só a vida miúda do dia-a-dia, mas também a vida da humanidade, da Terra, do espaço sideral, do país; não só a vida material das coisas e das gentes, mas também a vida emocional, as percepções e imaginações ainda em estado de potência".

Nessa mesma esteira, o texto que vem a seguir, da pesquisadora Maria Zélia Versiani Machado, "Literatura e alfabetização: quando a criança organiza o caos", trata de como, intuitivamente, as crianças, tal como os poetas, exploram, de forma lúdica e artística, as riquezas sonoras e plurissignificativas que a linguagem apresenta. O texto traz exemplos das "deliciosas e surpreendentes tiradas em imagens poéticas, quando a criança tenta compreender e traduzir em palavras o mundo e tudo que acontece em volta dela", para depois tratar de uma literatura infantil não infantilizada, utilizável nos processos de alfabetização e letramento.

A subparte que trata da interação Literatura e Escola se inaugura com a estreita relação que existe, no processo de escolarização, entre Letramento e Alfabetização, como processos distintos, todavia interdependentes e indissociáveis. No texto "Alfabetização e Letramento – os processos e o lugar da literatura", a pesquisadora Cecília Goulart indica para os leitores o valor da literatura, tanto no processo de ensinar/aprender a ler e a escrever quanto nos usos sociais de práticas de leitura e escrita, não somente pela sonoridade, pelos efeitos de sentidos criados pelos jogos lingüístico-literários, mas também porque revelam do ser humano grandeza e fragilidade, história e singularidade.

O texto da pesquisadora Marta Passos Pinheiro, "Literatura Infantil e Juvenil: uma reflexão sobre a construção da infância e da adolescência", põe à mesa para o leitor uma instigante e controvertida discussão: a influência da escola moderna e da família burguesa na *construção* daquilo que é considerado, socioculturalmente, infantil e juvenil e, em especial, a relação que se estabelece entre infância, adolescência, escola e literatura, em processos de escolarização na formação do *aluno*, bem como as relações de mercado que envolvem a produção cultural voltada para essas fases da vida.

Os dois textos que se seguem, sobre o acervo literário do PNBE 2005 e sobre as adaptações de obras literárias, têm como alvo, respectivamente, livros literários para crianças e livros literários para jovens, os dois sujeitos já discutidos no texto anterior.

O texto "Critérios para a constituição de um acervo literário para as séries iniciais do ensino fundamental: o instrumento de avaliação do PNBE 2005", das pesquisadoras Ludmila Andrade e Patrícia Corsino, traz a público uma problematização dos processos de escolha e seleção de livros para bibliotecas de escolas públicas que lidam com crianças e seu modo de se relacionar com a literatura. Defendendo o direito à literatura, para toda escola básica, o texto apresenta, como princípios norteadores para pensar a qualidade do livro infantil, considerando relações entre texto escrito e imagens, discussões sobre as concepções de criança, de linguagem e de leitura literária, como uma experiência estética que "seja interessante e traga o novo e o surpreendente".

O último texto da primeira parte, "Quem conta um conto aumenta um ponto? Adaptações e literatura para jovens leitores", da pesquisadora Andréa Antolini Grijó, tangencia as concepções socioculturais de adolescência como construção social, ao se debruçar sobre as obras literárias adaptadas tendo como leitores pretendidos os jovens, fazendo dialogar a literatura "com a cultura que nos constitui e com os modos como os homens compreendem e representam o mundo, mas que se desenha sob um outro contexto de produção", numa perspectiva mercadológica que aponta para as temáticas da parte do livro que se segue.

A segunda parte do livro é dedicada a instâncias socioculturais de formação de leitores, com um foco menos centrado na escola: diálogos se estabelecem com as palavras e coisas da linguagem da criança, o teatro, as memórias, o mercado, as autobiografias.

O primeiro texto desta segunda parte, "A criança e a linguagem: entre palavras e coisas", da pesquisadora Maria Cristina Soares de Gouvea, traz ao leitor a noção de "infante", etimologicamente, como "aquele que não sabe falar", a noção de fala como sinal distintivo do humano e a noção do homem como animal simbólico. A partir daí, o texto tece outras noções como as de alteridade, singularidade, afirmando que "enquanto sujeito de cultura e na cultura, a criança apropria-se da linguagem a partir de seu lugar social, como sujeito definido pela condição infantil". As narrativas, a poesia, a metáfora são consideradas possibilidades de fala como espaço de polissemia. A brincadeira, a imitação, a imaginação, a repetição, a dimensão estética são características da ação infantil, fundamentais para a apreensão do mundo, principalmente quando da participação em atividades coletivas, com outras crianças ou com os adultos.

O texto "Teatro e literatura: encontros e possibilidades", de Cida Falabella, ainda que faça menção a experiências de teatro na escola e até apresente sugestões de trabalho entre literatura e teatro, é do lugar do teatro e com o discurso do teatro que dialoga com o leitor, enfatizando as concepções de Bertolt Brecht, dramaturgo alemão que preconizava uma pedagogia não só do ator, mas também do espectador. Nesse sentido, "teatro e literatura podem ser traduzidos, como diversão (no sentido dado por Brecht) e conhecimento, multiplicando suas potencialidades, através do processo de apropriação criativa dos elementos específicos de cada manifestação artística".

Os três últimos textos do livro são dedicados a uma vertente especial de formação de leitores, por meio das memórias e das autobiografias, sejam essas em dimensão ficcional, sejam essas em dimensão histórica.

Interessante discussão traz o pesquisador Hércules Tolêdo Corrêa, no texto "A formação do leitor em livros de memórias: Leituras de *Infância*, de Graciliano Ramos, e *O menino da mata e seu cão Piloto*, de Vivaldi Moreira". Considerando que a narrativa autobiográfica/memorialística focaliza a experiência do escritor com a sua realidade, sem o compromisso de um documento histórico, o texto, traçando a trajetória de formação dos dois escritores enquanto leitores, analisa as formas de interação dos narradores com os seus contextos socioculturais, segundo os conceitos de capital, herança e transmissão culturais, oriundos da sociologia da educação. Pequenos exemplos dão aos leitores uma idéia dessa interação: em primeiro lugar, as dificuldades de leitura do menino Graciliano podem ser ilustradas pela conhecida passagem, do capítulo "Leitura", em que o narrador, ao deparar com a forma mesoclítica "ter-te-ão", no provérbio "Fala pouco e bem: ter-te-ão por alguém", pensa se referir a um homem: o senhor Terteão. Em segundo lugar, o menino Vivaldi, encantava-se com a palavra "algarismo", de origem árabe, pronunciada de modo especial pelo pai; refere-se também ao fascínio pelas palavras "viandante" e "noutes". Com trechos dos próprios livros e com dados históricos a respeito dos dois escritores, citando Bourdieu e Lahire, o texto leva o leitor "a identificar sujeitos que se sobressaíram à revelia de suas parcas *heranças culturais*, ao lado de sujeitos que souberam aproveitar a *herança* que receberam, apropriando-se muito bem dela".

"O mercado, o ensino e o tempo: que se aprende com a literatura que se vende?", texto da pesquisadora Graça Paulino, tematiza preponderantemente o mercado, que "não está acima das polêmicas; pelo contrário, costuma produzi-las", porém, se insere nessa parte do livro porque se utiliza de uma trama autobiográfica, considerando que "leitores se formam mesmo é através de suas próprias leituras, e estas se dão em diversos espaços sociais, em diversos momentos de vida, em diversos momentos de relacionamentos humanos, em diversas circunstâncias culturais, de cunho mítico, político, boêmio, misantrópico e outros". Para isso escolheu deter o seu olhar sobre a obra de ficção que se encontrou no primeiro lugar em 2005 nas listas dos mais vendidos do Brasil, continuando a compor a lista dos dez mais em 2006 e 2007: *Memória de minhas putas tristes*, de Gabriel García Márquez. Sobretudo, escolheu também porque 2007 está sendo tratado como o ano de García Márquez: *Cem anos de solidão* faz 40, o Nobel faz 25, o escritor faz 80 anos. A obra escolhida e o modo como Graça Paulino tece seu texto enredam o leitor de literatura. Afirmando, num jogo de linguagem, "tristes são os três tigres a que me refiro, o mercado, a escola e a literatura", a autora instiga o leitor, citando o crítico Uraniano Mota, do *Observatório da Imprensa*, com a "ilusão autobiográfica que o velho de costas na capa do livro daria aos leitores incautos". Apresentando mais duas leituras divergentes de outros críticos, a autora afirma que resta ao leitor ler o livro, não sem antes fazer menção à formação de leitores adolescentes ou de leitores sem traquejo, expostos às estratégias de mercado.

O texto "A traição autobiográfica", da pesquisadora Eneida Maria de Souza, afirmando que a escrita literária tem a liberdade de engendrar autobiografias falsas, instaurar genealogias bastardas e permitir o livre trânsito entre presente, passado e futuro, apresenta, de forma inusitada, a "traição" do renomado escritor francês Jean Paul Sartre. O texto se inicia constatando a recusa desse autor em aceitar o prêmio Nobel de Literatura, após a publicação, em 1964, de *As palavras,* em que Sartre confessa ser a escrita o mais cobiçado projeto existencial, para evitar o risco de se deixar converter em instituição, em "estátua de si mesmo" ou de se tornar "patrimônio nacional", na sua eterna rebeldia e intransigência diante do poder conservador. Ao longo do texto, a autora inquieta os leitores, na medida em que mostra como Sartre, que se considerava um "falso personagem secundário", inverte o esquema da autobiografia tradicional e instaura o vazio e o silêncio na escrita, declarando sobre si mesmo: "Tornei-me traidor e continuei a sê-lo. Em vão me ponho de corpo inteiro no que empreendo, entrego-me sem reserva ao trabalho, à cólera, à amizade; num instante me renegarei, eu o sei, o quero e me traio já em plena paixão, pelo pressentimento jubiloso de minha traição futura".

Assim, o Grupo de Pesquisa do Letramento Literário, depois de ter colocado à mesa de debates, em suas publicações, temas como o livro infantil, suas instâncias de produção/recepção e a formação de professores; a escolarização da leitura literária; a diversidade das práticas de leitura no fim do século; o letramento literário pelos pontos de vista do ensino, da pesquisa e das políticas públicas de leitura; as relações entre literatura e letramento nos seus espaços, suportes e interfaces; pesquisas e práticas de democratização da leitura; discursos transitivos nas leituras literárias; entrega ao público mais esta obra, sobre os modos como os saberes literários são construídos, em movimento, no interior da escola e em outras instâncias, fora dela, para continuar discutindo com seus leitores questões cruciais sobre a leitura literária.

Introdução

LITERATURA E EDUCAÇÃO: DIÁLOGOS

Vera Teixeira de Aguiar

Para estabelecer um diálogo entre literatura e educação, preciso, antes de mais nada, conceituar essas duas áreas e compreendê-las dentro do funcionamento da cultura, entendida aqui como um conjunto de conhecimentos, atitudes, linguagens e costumes acumulados e valorizados como patrimônio de uma dada sociedade. Mesmo sem pretender uma recuperação histórica, vou partir da etimologia dos termos, para melhor situar tais campos no contexto em que vivemos.

Literatura vem de *littera, ae*, que significa letra em latim e dá origem à palavra *litteratura*, ciência relativa às letras, arte de ler e escrever. Daí sua relação, desde os clássicos, com a cultura letrada, portanto limitada aos segmentos da sociedade que têm acesso à escrita, por suas condições econômicas privilegiadas. Nesse sentido, literatura está ligada ao poder e ao prestígio das classes dominantes e é conservada na medida em que expressa a visão do mundo e os interesses dessas camadas. No entanto, tais evidências não são suficientes para justificar a permanência, através dos séculos, dos textos literários que, criados em determinado momento, superaram as contingências históricas e sociais de seu aparecimento e continuam vivos em condições absolutamente diferentes. Aliás, todas as teorias da literatura, em última análise, debruçam-se sobre o fenômeno, no intuito de explicar o que faz de uma obra literária uma obra-prima. Novamente, a etimologia pode me ser útil, e vou me valer da palavra verso, que denomina uma linha poética, a composição mais sintética da expressão literária. Sua origem está em *versus,us*, um substantivo latino que nomeia a ação de voltar o arado no fim do sulco, ao mesmo tempo que significa volta e linha, sulco. Por isso, verso é a linguagem voltada para si mesma, a linguagem que escava o caminho para seu interior. As relações com o mundo externo, com os referentes, certamente existem, mas são menos importantes do que aquelas que estabelece com o ritmo, a sonoridade, os efeitos de sentidos, presentes nos jogos lingüísticos e estruturais da composição, que dão margem a inúmeras interpretações, possibilitando as mais variadas leituras. Como é regido pelo princípio da economia, o verso e, por extensão, a literatura em geral não dizem tudo, deixando espaços vazios para serem completados pelo leitor, segundo a amplitude de seu horizonte vivencial, seus conhecimentos prévios, seus valores, suas expectativas, suas leituras. Portanto, a literatura instaura-se no trabalho com a linguagem, reveladora de pistas para a ideação da vida não tal qual ela é, mas como ela pode ser. Daí a sua perenidade.

Por essas razões, a arte literária é o espaço da imaginação, do lúdico, da liberdade. Aceitando o pacto ficcional proposto pelo autor, invento novos mundos, experimento emoções jamais sentidas e descubro-me capaz de correr riscos, alargar limites, enriquecer meu cotidiano e projetar caminhos. Ao término da leitura, não sou a mesma de antes, porque tenho comigo os resultados da experiência vivida, equilibrada na linha que une fantasia e realidade.

No entanto, aquilo que vivo na fantasia adquire, para mim, uma concretude existencial, isto é, as experiências imaginadas acionam sentimentos reais que, por sua vez, vão mobilizar novos comportamentos. Assim, se descubro a coragem, o amor, a liberdade, a capacidade de enfrentar a dor, por exemplo, vou poder transferir para o meu cotidiano tais achados e ir transformando minha vida.

Por sua vez, o termo educação é originário do latino *educatio, onis*, ação de criar e alimentar e, ainda, em sentido figurado, ensinar. O substantivo é derivado do verbo *educo, educare*, composto pela preposição *ex*, que indica movimento de dentro para fora, e do verbo *duco, ducere*, em português, conduzir, levar. Por conseguinte, educar significa levar para fora, fazer sair, tirar de, e, por extensão, criar, instruir. Em seus princípios, a educação tem a ver com a idéia de trazer à luz aquilo que o sujeito tem como potencialidades internas, possíveis de se desenvolverem, e com a idéia de lhe fornecer conhecimentos, alimentá-lo intelectualmente para que se torne um adulto mais rico. Mas também significa levá-lo para fora, inseri-lo num ambiente mais amplo, fazê-lo sair de si e integrar-se na comunidade, assumindo os valores ali defendidos.

A educação é, pois, um fato social, uma vez que implica a transmissão da experiência de uma geração à outra, de modo a garantir a continuidade do grupo. No entanto, não são aceitas mais hoje as teorias que prescrevem aos mais jovens a imposição coercitiva dos princípios respeitados pelos mais velhos. Os estudiosos estão atentos para o processo dinâmico da educação, em que o indivíduo não se submete passivamente às estruturas em que é inserido, mas reorganiza experiências, age criticamente sobre o meio e contribui para as mudanças sociais.

Contudo, em nossa realidade, a escola oscila entre as duas posições e, em muitos momentos, revela-se a favor de uma educação reprodutiva dos comportamentos tradicionais. Nessas ocasiões, o diálogo entre literatura e educação torna-se impossível, porque, no campo da imposição restritiva, não podemos exercer a liberdade da leitura literária. Por definir-se como a instituição de educação formal e sistemática, a escola precisa providenciar currículos, disciplinas e programas que dêem conta dos conteúdos a serem repassados aos alunos, em termos de conhecimentos e atitudes. O saldo final, em certas situações, é o tratamento inadequado do texto literário, em vários aspectos. Em primeiro lugar, ele não é respeitado em sua unidade, sendo apresentado em fragmentos que alteram seu sentido global. Anulado em sua especificidade é ainda igualado aos demais componentes curriculares e, assim, abordado e explorado como um problema matemático, uma lição de História, uma informação científica. Para isso, na maioria das vezes, a literatura converte-se em material para exercícios gramaticais e modelo de linguagem coloquial ou formal, o que ela não é. E, acima de tudo, a literatura é pretexto para o ensino de outras disciplinas, como, por exemplo, ler *Tibicuera*, de Erico Veríssimo, para aprender História do Brasil, ou *As guerras malvindas*, de Joana d'Arc Torres de Assis, para estudar a disputa entre Argentina e Inglaterra. É pretexto também para manter as crianças sossegadas, enquanto escutam ou lêem um texto, tendo a ordem e o silêncio garantidos.

Se o quadro descrito é penoso no ensino fundamental, no médio os caminhos podem variar, mas os resultados são igualmente desastrosos. Observo aqui a ausência do ensino da literatura, em favor do ensino sobre a literatura. Ocorre, então, uma sucessão de datas, autores, obras e períodos literários a serem memorizados, como informações consideradas inestimáveis para o conhecimento da disciplina, e não a leitura e o debate dos textos de literatura. Não vou discutir a questão da história literária, tal qual é concebida no ensino médio, porque fugiria do tema exposto, mas detecto sérios problemas, a começar pelo conceito de História e estilos de época.

É claro que, se minha descrição não é das melhores, tenho encontrado, ao longo do trabalho, experiências positivas que conciliam literatura e educação, no intento de formar leitores criativos, capazes de contribuir para a construção de uma sociedade mais plural. Em dado momento, contudo, arriscamos, minha equipe e eu, numa experiência diferenciada, fugindo do âmbito escolar, para vivermos a literatura com as crianças da periferia. A idéia tomou forma em 1996, e a iniciativa continua até hoje. Naquele ano, incentivada pelo Programa da Coordenação de Aperfeiçoamento de Pessoal de Nível Superior (Capes), do Ministério da Educação, de Integração Graduação e Pós-Graduação, fiz um projeto que foi aprovado e dele nasceu um laboratório de leitura literária, o CLIC (Centro de Literatura Interativa da Comunidade), no *Campus* Aproximado da Pontifícia Universidade Católica do Rio Grande do Sul, na Vila Nossa Senhora de Fátima, em Porto Alegre (RS).

Ali, com uma pequena biblioteca de cerca de mil livros, quatro computadores, impressora, vídeo, *scanner*, televisão, reproduções de arte e acomodações simples, acontecem diariamente oficinas de leitura, no horário oposto ao da escola, para crianças de sete a quatorze anos, pela manhã e à tarde, sob a responsabilidade de alunos dos cursos de graduação, especialização, mestrado e doutorado da Universidade. Para isso, contamos com a mediação de um líder comunitário ligado à Associação dos Moradores, que é responsável pela seleção e movimentação das crianças, bem como por todas as relações que se estabelecem com a comunidade.

As atividades articulam o livro literário com outros objetos culturais, como música, imagem, computador, teatro. Como nosso objetivo maior é a inserção dessas crianças no universo da cultura letrada, criamos, nas reuniões semanais de planejamento, avaliação e busca de soluções para os impasses que se criam, algumas ações que se tornaram constantes. São os Encontros Culturais, em que autores, ilustradores e outros agentes culturais visitam o CLIC e conversam com as crianças sobre seu trabalho e suas experiências. Há ainda a Mala de Leitura, literalmente uma mala de livros entregue ao mediador de leitura, que circula com ela entre as famílias e a reabastece mensalmente, providenciando atividades de acordo com os interesses e as necessidades do grupo. Também no CLIC temos, uma vez por semana, nos dois turnos, Literatura e Biblioteca, quando o espaço é arrumado como uma biblioteca, e as crianças podem, consultando a catalogação simples que criamos, no computador, escolher livros, ler, fazer anotações, formular perguntas, emitir opiniões.

A iniciativa está em seu décimo primeiro ano e já forneceu material para dissertações, monografias, artigos, comunicações e é objeto de uma tese de doutorado. Como fonte de aprendizagem constante, ensina o descentramento, isto é, a capacidade de sairmos de nosso lugar para perceber o outro e respeitá-lo, descobrindo nossa responsabilidade social. Isso porque inseri-lo na cultura letrada não é, necessariamente, negar a sua, mas somar, para que ele possa viver em todos os estamentos da sociedade e não fique recluso à periferia.

Minha volta ao contexto escolar, no trabalho com a leitura da literatura, aconteceu em moldes favoráveis, talvez devido à experiência do CLIC. Um grupo de uma escola estadual de ensino fundamental procurou-me, na Universidade, para desenvolver uma ação de leitura através de uma ampla dinâmica a envolver direção, bibliotecários, professores, alunos e pais. Em vários encontros, uma bibliotecária, duas coordenadoras pedagógicas, um pai e eu elaboramos um projeto de incentivo à leitura, agora em fase de conclusão. De início, a idéia já se diferenciava das usuais em trabalhos de pesquisa, porque foi a comunidade escolar que procurou a Universidade, movida por um interesse espontâneo de modificar sua situação, e pela participação de um segmento que, normalmente, não tem voz ativa na escola – a família.

Partimos do diagnóstico da realidade, com questionários respondidos por todos os 60 professores, uma amostra de alunos, de todas as séries, e outra de pais. A escola, localizada em bairro de classe média, acolhe filhos de trabalhadores assalariados, com longas jornadas de trabalho. As crianças passam o tempo livre quase sempre sozinhas, sem orientação, e entregues a diversões como a televisão. Há, por isso, de parte das famílias, uma expectativa muito grande com respeito ao papel formador da escola.

Para tanto, o primeiro passo desta pesquisa foi detectar os interesses, os hábitos e as atitudes de leitura de professores, alunos e pais, mediante a aplicação dos referidos questionários no início do ano letivo de 2004. A análise quantitativa dos dados obtidos apontou, com relação aos alunos, para uma significativa distância entre eles e o livro literário quando o objetivo é a diversão. Cinema e música foram as opções mais votadas, ficando a leitura em nono lugar. Esses alunos, pelo que foi apurado, assistem à televisão mais de quatro horas por dia, vão pouco ao cinema e nunca ao teatro. Quanto à leitura propriamente dita, preferem livros a revistas e jornais. O hábito de leitura é, segundo a maioria deles, diário, realizado, sobretudo, em casa. Mas o acesso aos livros dá-se por meio da biblioteca da escola, onde preferem retirar histórias em quadrinhos. Tais informações mostram-se desencontradas, o que revela a necessidade dos informantes de atender ao que julgam ser a expectativas dos pesquisadores – a importância atribuída à leitura de livros – pois, na verdade, o foco, para eles, são as revistas em quadrinhos.

Para os pais, música e viagem são as melhores opções de obter diversão. Assistem à televisão mais de quatro horas por dia, vão pouco ao cinema e ao teatro. No que tange à leitura, preferem ler jornais a revistas e livros. A periodicidade de leitura é diária, geralmente em casa. O acesso aos livros dá-se mediante empréstimo de amigos. O que mais gostam de ler são romances, quando lêem livros, o que é raro.

Já os professores da Escola têm na viagem e na leitura sinônimos de diversão. Ao contrário dos alunos e dos pais, assistem à televisão menos de duas horas por dia, mas também vão pouco ao cinema e ao teatro. O hábito diário de leitura, realizado em casa, também predomina, quando preferem ler livros a revistas e jornais. O acesso às obras dá-se através de empréstimo de amigos e de compra. Gostam de ler, principalmente, romances, contos e crônicas.

Feito o diagnóstico, providenciamos uma jornada de capacitação de todos os professores da Escola, dando conta dos conteúdos referentes à conceituação da literatura infanto-juvenil, à caracterização do leitor infanto-juvenil, aos critérios de seleção de textos, à metodologia de trabalho com a literatura em classe e extra-classe, à apresentação de uma prática leitora e à introdução ao planejamento de atividades com o livro literário pelos professores participantes, organizados em grupos por série em que atuam. A partir daí, em encontros semanais, os grupos de professores, com nosso auxílio, passaram a elaborar os planos de atividades de leitura que, posteriormente, foram aplicados em sala de aula e devidamente registrados em fichas para fins de análise durante o segundo semestre letivo de 2004. Toda a aplicação também foi acompanhada pelos pesquisadores através de reuniões mensais com os professores. Ao final, foi empreendida uma auto-avaliação da experiência com as práticas de leitura. Os resultados foram analisados e desenvolvidos aos professores, que se posicionaram sobre nossas observações.

No ano seguinte, de 2005, o processo de planejamento das atividades de leitura levou em conta todas as questões levantadas, e sua aplicação buscou corrigir falhas e avançar. Ao final do ano, nova avaliação, ofereceu subsídios para um planejamento seguinte. Em final de novembro, o questionário inicial foi novamente aplicado a uma amostra da população-alvo, de maneira a diagnosticar as mudanças de interesses, hábitos e atitudes de leitura de professores, pais e alunos após a experiência desenvolvida. Nosso intento é propiciar o desenvolvimento de um processo de crescimento de toda a comunidade envolvida, na direção de sua autonomia no que tange às práticas leitoras.

Até agora, temos os primeiros resultados obtidos pela avaliação dessas práticas leitoras. A educação infantil, juntamente com a 1^a e a 2ª séries, desenvolveram seus planos de leitura pela temática da "criança", de maneira a ressaltar, de modo espontâneo e assistemático, mediante a interação com a literatura infantil, as características internas e externas dos pequenos. As 3as e 4as séries interagiram com a leitura literária por meio da temática intitulada "Quem sou eu?". Aproximando livro e ludismo, os professores permitiram aos alunos a brincadeira com a obra e, ao mesmo tempo, a descoberta de si e do mundo que os circunda. Os professores das 5as e 6as séries optaram pelo trabalho com as lendas brasileiras e, posteriormente, com a poesia. As 7as e as 8as séries ocuparam-se da poesia.

Valendo-nos da análise das avaliações feitas pelos professores, percebemos que houve melhor receptividade, quanto às atividades propostas, entre as crianças da educação infantil e as das séries iniciais do ensino fundamental. Nelas, o gosto pela leitura foi despertado: os alunos da educação infantil passaram a exigir diariamente o momento de contação e releitura de histórias; nas crianças das séries iniciais, aumentou o interesse em permanecer na biblioteca, bem como o número de livros literários retirados cresceu; além disso, houve conquistas significativas no desenvolvimento das habilidades de leitura e escrita.

Da 5ª à 8ª série, com base nos relatos dos professores, vimos que a poesia instigou um bom trabalho. Apesar da falta de hábito de leitura dos alunos e da sua dificuldade para criar e redigir textos, as atividades conseguiram mobilizá-los, de certa forma, para o prazer da leitura poética. O mesmo, contudo, não se deu nos textos em prosa, exceto na 5ª série, que demonstrou grande interesse na leitura de lendas.

Podemos destacar também um maior empenho e envolvimento das professoras da educação infantil e das séries iniciais com o trabalho de incentivo à leitura proposto. Os professores da 5ª série em diante não se detiveram tanto no planejamento temático progressivo, com base na criatividade e no ludismo, de maneira a tornar a leitura literária um ato prazeroso, emancipatório, como ocorreu na educação infantil e nas séries iniciais. Talvez possamos creditar essa constatação à formação diferenciada dos profissionais, que vai se tornando mais especializada e técnica à medida que se dirige à docência de classes mais avançadas. Com isso, vai se perdendo o sentido de educação ampla, que leva em conta a emoção, e não só a razão.

Por conta dos resultados, a metodologia de trabalho utilizada nos primeiros níveis foi evidenciada e enfatizada no seminário de avaliação, estimulando os professores das demais séries a adaptá-la às suas turmas, uma vez que uma postura aberta e criativa não deve se restringir a práticas infantis. Como resultado, os planejamentos realizados no ano seguinte evoluíram, prometendo ganhos expressivos também entre alunos de 5ª a 8ª série, como indicam os relatos dos professores nas reuniões mensais de acompanhamento. Na 5ª série, por exemplo, até a professora de matemática vem dedicando um período semanal a práticas de leitura literária, proposta de trabalho que partiu dos próprios alunos.

Dada a riqueza das situações vividas, o encerramento formal desta pesquisa (porque ela continua enquanto exercício cotidiano) contou com uma mesa-redonda formada por professores representantes de cada série escolar, na qual cada um teve a oportunidade de relatar sua experiência, e por membros da equipe universitária, responsável pela apresentação da avaliação final. A intenção foi, nesse sentido, socializar ao máximo os conhecimentos adquiridos, de modo que todos pudessem planejar seu trabalho com a literatura daqui para a frente de maneira autônoma e consciente. Com isso, o processo continuará, tornando os professores cada vez capazes de tomar decisões quanto ao que ler e como ler literatura. Nossas relações, então, se darão em outro patamar: universidade e escola vão trocar experiências, fermentando o diálogo entre a literatura e a educação.

PARTE I

SABERES LITERÁRIOS E A ESCOLA COMO INSTÂNCIA DE FORMAÇÃO DE LEITORES

Capítulo I

JOGOS DE LINGUAGEM, REDES DE SENTIDO: LEITURAS LITERÁRIAS

Maria Antonieta Pereira

> *Como falar seriamente do livro (supondo-se que seja preciso ser sério, ou seja, também se pautar pela idéia do saber – circular e pedagógico – que é somente uma dimensão do livro como enciclopédia, a outra sendo a do jogo, do acaso e da literatura, em relação à qual sempre se indagará se ela compreende ou se deixa compreender, como lance de dados, pela enciclopédia?)*
> Jacques Derrida

Ao escolher a palavra "jogo" para compor o título de seu evento bienal – *O jogo do livro* –, o Grupo de Pesquisa do Letramento Literário do Ceale colaborou decisivamente para se recuperar a idéia da leitura como algo que, sendo divertido, imaginativo e gracioso, é portanto da ordem da estética. Entretanto, essa nomenclatura também deflagra níveis cada vez mais refinados de significância pois a idéia de livro mergulha nas águas moventes do jogo e se contamina com suas características, algumas das quais podem ser assim descritas:

1. *o jogo é uma atividade voluntária* – só se realiza em estado de liberdade;

2. *o jogo tem orientação própria* – suprime temporariamente as atividades corriqueiras;
3. *o jogo inventa seu caminho e seu sentido* – desenvolve-se num tempo e num espaço autodelimitados;
4. *o jogo cria uma ordem e é, ele mesmo, uma ordem* – há disputa e tensão, mas também ritmo, harmonia, regras;
5. *o jogo é um espaço ritualístico de ilusão e conflito* – a tradição inspira a luta por algo ou pela representação de algo (HUIZINGA, 2004. p. 3-20).

Todas as características do jogo são perfeitamente aplicáveis à produção e à recepção do texto literário, para as quais se requer um estado de liberdade coletiva e pessoal que adquire as formas do desejo e do empenho. Jogar com a literatura também significa harmonizar os contrários, prática incessante do jovem escritor cujos embates contra o cânone lingüístico-literário não visam a destruí-lo mas a superá-lo, o que se obtém pela releitura de antigas formas e, portanto, pela inserção de novas perspectivas estéticas na cadeia da tradição. Assim também um jogo entre o leitor e seu livro tem o paradoxal propósito de transgredir e respeitar as regras da leitura, as quais são literalmente refeitas, a cada olhar do leitor sobre os traços inscritos no papel. Se considerados como atividades lúdicas, os atos de ler e escrever também serão processados "no interior de um campo previamente delimitado, de maneira material ou imaginária, deliberada ou espontânea" (HUIZINGA, *op. cit.* p.13). O círculo mágico assim criado abraça outros mundos, simultaneamente reais e ilusórios, que se sustentam na leveza do pensamento e na materialidade dos sinais gráficos e sonoros. Ao longo da História, dentro das frágeis paredes desse mundo, foram construídas as sucessivas gerações humanas, as crenças e os mitos, as sociedades mais primitivas e as tecnologias mais sofisticadas. No interior desse mistério, foram gerados os fundamentos do sagrado, as linguagens do corpo, as interpretações dos sonhos, os confrontos mais cruéis, as traições, as loucuras e os combates – os muitos significados da vida e da morte.

Pensar o letramento literário como um jogo é, portanto, trabalhar com a hipótese de um processo de leitura que considere uma ampla rede de subjetividades e sentidos. Nessas circunstâncias, o texto literário não só garante a presença de "todas as características lúdicas: ordem, tensão, movimento, mudança, solenidade, ritmo, entusiasmo" (HUIZINGA, op. cit. p.21), mas também requer dos sujeitos envolvidos em seu processo de ensino-aprendizagem níveis de reflexão cada vez mais dinâmicos e complexos.

Também para Wittgenstein (1979, p. 68-73), o ato de ler era compreendido como um jogo. Tentando defini-lo, o filósofo desdobra-o em uma série de significados, alguns dos quais transformamos na lista a seguir:

1. ler é transformar em sons algo escrito ou impresso;
2. ler é escrever algo que é ditado;
3. ler é copiar um texto impresso;
4. ler é tocar conforme a partitura;
5. ler é ser capaz de reproduzir uma sentença;
6. ler é reagir de tal modo a signos escritos (é modificar um comportamento);
7. ler é deduzir a reprodução de um modelo;
8. ler é ouvir internamente a língua.

Em sua tentativa de abordar a complexidade da leitura, Wittgenstein elabora infindáveis proposições do que seria o ato de ler e, só por esse fato, ele já denuncia a impossibilidade de exatidão nesse campo. Na listagem acima, a simples sucessão de predicados que podem ser atribuídos ao verbo *ler,* quando tomado como sujeito de uma sentença, também revela a impotência das classificações, ao se abordar o fenômeno da leitura. Das oito proposições citadas, todas são compatíveis com a realidade do ato de ler, embora nenhuma delas, por si mesma, seja capaz de esgotar o tema. Isso significa que a leitura é um movimento altamente complexo – que implica não só reconhecer e associar sinais sonoros e gráficos segundo determinados padrões, mas também ultrapassar esses limites, já que suas normas são reinventadas a cada novo exercício.

Enquanto bem coletivo passível de ser incessantemente atualizado por experimentos individuais, o ato de ler significa a *conversão de algo em leitura*. Nessa perspectiva, a leitura deve ser compreendida como uma experiência que vai além da mera decifração de signos verbais, já que "converter algo em leitura" pressupõe a existência de um vasto mundo que funciona simultaneamente como intérprete e matéria a ser interpretada. Sendo assim, não existem interpretações independentes dos processos mais amplos de significação. Toda leitura só se realiza no interior de redes culturais que dão sentido ao próprio ato de ler, e que assim justificam a transformação de algo em leitura por meio de habilidades, valores, competências e hábitos específicos.

Outra perspectiva de leitura como jogo está em *A condição pós-moderna*, de Jean-François Lyotard. Ao discutir a produção de saber na contemporaneidade, o autor mostra como ele não se reduz à ciência ou ao conhecimento, o qual seria apenas um conjunto de enunciados com a função de descrever certos objetos. O saber propriamente dito englobaria os jogos de linguagem do saber narrativo, responsáveis pela legitimação dos saberes filosóficos e científicos. Segundo Lyotard, o saber narrativo formula os elementos básicos do saber tradicional, quais sejam:

1. *formações e modelos positivos e negativos* (presença de heróis com suas sagas, seus fracassos e sucessos);
2. *jogos de linguagem narrativos*;

3. *transmissão de relatos e uso de co-autoria* (regras pragmáticas do vínculo social);
4. *incidência de tais relatos sobre o tempo e presença de performances* (existência de ritmos, metros, acentos; uso de linguagens e eventos ritualísticos).

No caso específico da transmissão de relatos, Lyotard toma como exemplo determinadas formas narrativas dos Kaxinauá brasileiros, mostrando como elas definem elementos do saber tradicional, à medida que alguns de seus atos de linguagem – aqueles que determinam as funções de narrador e narratário – não são demarcados apenas pelo sujeito que narra, mas também por seu ouvinte e pelo sujeito do qual se fala durante a narração. Essa tradição de co-autoria também delega à posteridade uma "tríplice competência – saber-dizer, saber-ouvir, saber-fazer – em que se exercem as relações da comunidade consigo mesma e com o que a cerca. O que se transmite com os relatos é o grupo de regras pragmáticas que constitui o vínculo social" (LYOTARD, 1998, p. 40).

As conclusões de Lyotard trazem importantes contribuições para as reflexões sobre o letramento literário. Ao articular o *narrar* ao *saber* e ao *viver*, o autor mostra como a literatura tem uma função capital nos jogos de linguagem, que, por sua vez, envolvem todos os aspectos da vida humana[1]. Além disso, ao discutir o fim dos grandes relatos emancipatórios, Lyotard também recupera a importância do saber narrativo como instrumento de legitimação da ciência:

> Desde os seus inícios, o jogo de linguagem apresenta o problema de sua própria legitimidade, como em Platão. [...] Acontece

---

[1] Para autores como Paul Ricoeur, essa importância assume tal magnitude que a própria vida humana tal qual a conhecemos seria impossível se não tivéssemos a capacidade de narrar, pois é a partir dela que estabelecemos, ao longo dos milênios, ferramentas intelectuais tão importantes como o conceito de tempo. Cf. RICOUER, 1994.

> que a questão da legitimidade do próprio jogo, considerando-se sua natureza científica, deve também fazer parte das questões que são levantadas no diálogo. Um exemplo conhecido, e importante, à medida que articula sem dificuldade esta questão à da autoridade sócio-política, é dado nos livros VI e VII da *República*. Ora, sabe-se que a resposta consiste, pelo menos em parte, num relato, a alegoria da caverna, que conta por que e como os homens querem relatos e não reconhecem o saber. Este encontra-se assim fundado pelo relato de seu martírio. [...] é em sua própria forma, os Diálogos escritos por Platão, que o esforço de legitimação entrega as armas à narração; pois cada um deles assume sempre a forma do relato de uma discussão científica. [...] O fato é que o discurso platônico que inaugura a ciência não é científico, e isto à medida que pretende legitimá-la. O saber científico não pode saber e fazer saber que ele é o verdadeiro saber sem recorrer ao outro saber, o relato, que é para ele o não-saber, sem o que é obrigado a se pressupor a si mesmo e cai assim no que ele condena, a petição de princípio, o preconceito. Mas não cairia também nisto valendo-se do relato? (LYOTARD, 1998, p. 52-53)

Mostrando como o diálogo – forma narrativa por excelência – estrutura a filosofia platônico-socrática cujo principal objetivo é justamente combater a suposta irracionalidade das formas narrativas (leia-se, literárias), Lyotard captura a importância dos grandes relatos no momento de sua crise. Ao mesmo tempo, o autor mostra a emergência de novas formas narrativas: as pequenas epopéias cotidianas cuja função é seguir legitimando a produção de saber. Assim, por meio da expressão metafórica "lances de linguagem", Lyotard propõe uma reflexão sobre o papel da literatura enquanto jogo capaz de gerar vínculos e redes entre os diferentes saberes e seus respectivos narradores.

Embora não utilize em nenhum momento a palavra "rede", é para esse rumo que também se dirigem as considerações de Magda Soares, ao tratar das interfaces de letramento e alfabetização. Segundo a autora, dissociar alfabetização e letramento é um equívoco porque, no quadro das atuais concepções psicológicas, lingüísticas e psicolingüísticas de leitura e escrita, a entrada da criança (e também do adulto analfabeto) no mundo da escrita ocorre simultaneamente por esses dois processos: pela aquisição do sistema convencional de escrita – *a alfabetização* – e pelo desenvolvimento de habilidades de uso desse sistema em atividades de leitura e escrita, nas práticas sociais que envolvem a língua escrita – *o letramento*. (SOARES, 2003)

Desenvolvendo a crítica de uma visão pendular que privilegia ora a alfabetização, ora o letramento, a autora denuncia os equívocos do que seria uma desinvenção da alfabetização: privilégio da faceta psicológica sobre os aspectos lingüísticos do processo e falsa inferência a respeito dos métodos de alfabetização com a conseqüente perda de sua especificidade. Desencadeada nos anos 80, essa discussão ainda se apresenta como um fenômeno típico da atualidade, especialmente quando mantém na pauta dos debates das áreas de Educação, Letras, Lingüística e Literatura a pergunta-chave: que valores, atitudes, habilidades e competências de leitura precisam ser formadas hoje?

Evidentemente, não podemos formar leitores como se ainda estivéssemos no século XIX, em que a grande mídia era justamente o texto impresso, muito bem representado pelo folhetim, gênero que mistura jornal e romance. Contudo, os problemas de alfabetização e letramento em países como o Brasil não terminam aí: em pleno terceiro milênio, ainda temos milhões de analfabetos e semi-alfabetizados, o que contribui para reduzir violentamente os níveis de leitura da população em geral. Essa questão poderá ser melhor avaliada, se procedermos a uma rápida comparação entre as histórias da formação de leitores no Brasil e na Argentina, país que conta um dos mais altos níveis de leitura da América Latina.

Ao final do século XIX, enquanto, na Argentina, Sarmiento investia maciçamente na educação popular tentando superar os 80% de analfabetismo do país (ROMERO, 1996, p. 105), no Brasil, D. Pedro II assinava as leis do Ventre Livre e dos Sexagenários[2]. Esses fatos mostram como a escravidão imposta por uma parte da população à outra impedia a constituição da nacionalidade brasileira, inclusive em termos de políticas culturais que beneficiassem o conjunto da sociedade. Quando a Argentina apostava numa proposta de democracia cultural, explicitando claramente o desejo de construir uma nação cujos indivíduos compartilhassem os bens advindos da alta cultura européia[3], o Brasil instalava as primeiras condições para coibir a posse de uma multidão de escravos analfabetos[4] por parte da minoria letrada. Ou seja, se uns já tinham obtido relativo consenso em torno de um projeto burguês de nação, outros ainda estavam lutando contra formas pré-capitalistas de organização da sociedade.

Contudo, o ideário iluminista encontrou terreno propício em ambas as culturas, seja quando propôs a liberdade dos escravos brasileiros, mas lhes negou, concretamente, formas dignas de existência – como o acesso a bens culturais –, seja quando destruiu – para implantar bens culturais – populações inteiras de aborígines em território argentino. Ao propor a liberdade e a igualdade entre os homens, a Ilustração transformou em universalidade a

---

[2] As leis do Ventre Livre (1871) e dos Sexagenários (1885) consideravam livres, respectivamente, os filhos de escravas e os adultos a partir de 60 anos de idade.

[3] Beatriz Sarlo mostra como essa democracia constituiu um programa estatal que previa a exclusão das diferenças por meio da força homogeneizadora da escola argentina do final do século XIX. In: SARLO, 1998.

[4] Nem todos os escravos do Brasil eram analfabetos. Ao que tudo indica, o analfabetismo foi sendo adquirido por vastos agrupamentos afro-brasileiros, na medida em que eles nasciam e cresciam alijados dos bens culturais do País. O relatório do chefe de polícia da Bahia, por ocasião da revolta dos escravos malês/muçulmanos (1835), salienta que quase todos os revoltosos liam e escreviam em caracteres desconhecidos que se assemelhavam ao árabe. Cf. FREYRE, 2002. p. 357.

visão européia a respeito desses temas, obrigando o *outro* a adotá-los e, justamente por isso, a abrir mão de suas próprias concepções a respeito do que seriam liberdade e igualdade. No Brasil e na Argentina, a cultura letrada desenvolveu-se no âmbito dessa violência colonizadora: como obrigação imposta ou direito negado, nossas letras nasceram de guerras literais e simbólicas. Lá e cá, como em qualquer evento colonizador, o processo de letramento desenvolveu-se com traços bélicos de escravidão, aculturação, libertação, matança indiscriminada. No caso do Brasil, uma das mais graves seqüelas da escravidão indígena e africana foi a exclusão de milhões de habitantes dos bens culturais produzidos dentro ou fora do País. A gravidade desse fato repercute até hoje, e muitas políticas públicas ainda têm como meta erradicar o analfabetismo que atinge milhões de cidadãos brasileiros. Na Argentina, os letramentos compulsórios e sua eficácia contra a cultura autóctone ou as culturas de imigrantes foram igualmente importantes no sentido de se construir um imaginário hegemônico. Em ambos os casos, se a colonização européia nos premiou com todas as positividades do Ocidente, ela também nos trouxe grandes perdas humanas e culturais. E nesse ponto não diferimos de outros povos, inclusive europeus, que também padeceram a violência da colonização. Hoje, depois de estabilizado o impulso colonizador de Portugal e Espanha, as nações latino-americanas vivem o paradoxo de aprofundar esse processo (promovendo o acesso aos bens culturais advindos do colonizador, já que eles obtiveram grande prestígio mundial e social) e de relativizar seu impacto sobre as demais culturas (preservando o que delas ainda resta).

Nesse cenário, outro ponto a se considerar é que a formação de leitores se encontra visceralmente ligada à formação da própria nacionalidade, na medida em que os meios utilizados para se construir a nação passam sempre por estratégias da ordem do imaginário, do simbólico, da ficção e da lei. Assim, o que há de mais frágil entre os homens – a idealização de mundos por vir, o movimento em relação ao que ainda não é – mostra sua força quando abre espaço para a invenção de modelos que, por sua vez, inspiram novas realidades. No caso do Brasil, uma das fortes características de sua formação cultural é a necessidade de autonarrar-se incansavelmente, buscando meios de apresentar-se a si mesmo e de escapar, portanto, da própria imagem desconhecida, fugidia, inacabada. Nesse contexto, são utilizadas todas as formas que possam tornar narrável a experiência de estruturação de uma identidade nacional (ARANTES, 2000, p. 352). Daí, a função estruturante desempenhada pela literatura no imaginário do País, ao longo de sua História e especialmente depois da independência de Portugal.

Não é por acaso que, nessa realidade, "os conceitos de alfabetização e letramento se mesclam, se superpõem, freqüentemente se confundem", fato que pode ser comprovado, segundo Magda Soares, nos dados do censo, na mídia e na produção acadêmica que trata do assunto. A fim de avançarmos nas reflexões sobre esse tema, retomemos uma classificação desenvolvida por Pierre Lèvy para abordar os tipos de sociedade humana. Segundo o autor, a partir da idéia de leitura, podemos definir três tipos de agrupamentos humanos: a sociedade ágrafa (de oralidade primária), a sociedade da escrita (de oralidade secundária) e a sociedade virtual (da era da informática) (LÈVY, 1993). No caso do Brasil, temos uma mescla das três sociedades: somos uma nação formada, simultaneamente, por analfabetos, analfabetos funcionais, alfabetizados, leitores médios, leitores de alto nível, etc. E se é verdade que qualquer país do mundo também comporta essa variedade de leitores, também é verdade que nosso problema é mais grave porque temos uma alta porcentagem de analfabetos e semi-alfabetizados e uma baixíssima porcentagem de leitores formados nas habilidades e competências requeridas pela contemporaneidade. Há décadas, Paulo Freire nos deu as mais avançadas teorias de leitura – utilizadas hoje pelo mundo inteiro, especialmente em projetos de grande monta como os da Unesco –, mas as políticas públicas dos governos brasileiros sempre foram mesquinhas na utilização dessas preciosas tecnologias intelectuais.

Num país com fortes desigualdades econômico-sociais, um dos mais seguros mecanismos de ascensão social é o desenvolvimento de competências de leitura e produção de variados textos sociais, os quais, espera-se, possam ser desenvolvidos nas práticas escolares. Inversamente, um dos mais eficientes sistemas de exclusão do mundo contemporâneo localiza-se nos baixos níveis de leitura/escrita. Esse fato se agrava mais ainda, se considerarmos que as demandas de leitura do terceiro milênio ultrapassam o âmbito do texto impresso e se ampliam com espantosa rapidez para outros sistemas semióticos, como a televisão, o cinema, o vídeo-game, o computador e o celular.

A explosão dos meios audiovisuais na atualidade exige que se explore, de forma conjunta, alguns aspectos de um novo processo de ensino-aprendizagem da leitura do texto e da vida. Entre eles, os seguintes elementos merecem ser considerados na formação do leitor contemporâneo:

1. *a grande revolução da informática que transformou a Terra num espaço global e virtual* – nossa visão de mundo tem sido inteiramente modificada pelas tecnologias do computador que nos permitem, entre outras coisas, conhecer a ubiqüidade, já que podemos estar geograficamente num lugar e virtualmente noutro(s). Quando observamos as imagens do planeta tomadas por satélites artificiais, vivenciamos uma experiência fabulosa que nos proporciona contemplar a Terra, *de fora dela, estando nela*, num jogo de espelhos que potencia nossa capacidade de apreensão de um mundo simulado. No caso específico do letramento literário, passam a existir inesperadas

vias de produção e recepção de textos ficcionais, todas elas regidas pelas formas inter-ativas da *imersão* e da *simulação*, como os poemas na *web*, os *e-books* e os *blogs*[5];

2. *A forte cultura televisiva do Brasil* – os altos índices de analfabetismo e semi-analfabetismo do País levaram a literatura brasileira a desenvolver um curioso trajeto no sentido de continuar desempenhando o papel de discurso estruturante da nacionalidade, tal como o vinha fazendo desde o Romantismo (ARANTES, 2000, p. 352). Nesse caso, o discurso literário se articulou estreitamente à arte produzida nos meios audiovisuais. As telas brasileiras, especialmente o cinema e a televisão, passaram a ser responsáveis por uma vigorosa difusão da literatura nacional, vinculando a cultura européia hegemônica (escrita, letrada) às culturas indígenas e africanas (ágrafas, audiovisuais), para atender à estruturação performática da nação. No caso da televisão, seus relatos cotidianos (novelas, minisséries, seriados) têm como base o cânone literário nacional[6];

3. *As experimentações poéticas de jovens escritores e cineastas* – o *boom* da televisão, que no Brasil ocorreu nos anos 70/80, logo foi seguido da nova conquista tecnológica do vídeo que permitiu amplas experimentações televisivas, filmográficas, narrativas e poéticas. No caso de Minas Gerais, autores como Luiz Vilela, Murilo Rubião e Guimarães Rosa passaram a ser difundidos via curtas-metragens

---

[5] Reflexões e *links* sobre esses temas podem ser encontrados em profusão na internet. Alguns deles são: <http://www.dominiopublico.gov.br>, www.desvirtual.com/thebook/portugues/, <http://jaguadarte.zip.net/>, <http://www.ebookcult.com.br/acervo/livros>.

[6] Essa questão foi estudada em detalhes na Tese de Doutorado "Espaços contemporâneos de consagração e disseminação da Literatura Brasileira", de Leni Nobre de Oliveira (FALE/UFMG/2006). Articulando dados de uma vasta pesquisa de campo à reflexão teórica contemporânea, esse trabalho verificou, por exemplo, que o modelo de nossas telenovelas é o cânone literário brasileiro do século XIX.

dos cineastas Rafael Conde, Helvécio Marins, Cláudio de Oliveira, Fernando Rabelo e Marily da Cunha Bezerra[7]. Surgiu também um novo gênero poético, o vídeo-poema, experimentado por *videomakers* como Joel Pizzini, Aggêo Simões e Álvaro Andrade[8], cujo grande expoente nacional encontra-se na obra de Arnaldo Antunes[9]. A tecnologia do vídeo permitiu ainda o desenvolvimento de um gênero híbrido como o videoclipe, que, reunindo poesia, música e imagem[10], reorganizou nossa percepção a respeito da produção poética do novo milênio.

4. *A tradição cinematográfica da população de Belo Horizonte* – na segunda metade do século XX, a capital de Minas desenvolveu uma refinada cultura literária, jornalística, crítica e cinematográfica. Entre seus principais representantes, estão Murilo Rubião, Autran Dourado, Jacques do Prado Brandão, João Etienne Filho, José Nava, Francisco Iglesias, Wilson Figueiredo, Heitor Martins, Theotônio dos Santos, Silviano Santiago, Ivan Ângelo, Teresinha Alves Pereira, Fábio Lucas, Affonso Romano de Sant'Anna, Argemiro Ferreira e Maurício Gomes Leite. Sendo profundamente marcada pela estética cinematográfica, a obra literária e crítica dessa geração não só correspondeu à

---

[7] Referimo-nos aos contos: a) Françoise e Rua da amargura, de Luiz Vilela, e O ex-mágico da taberna minhota, de Murilo Rubião, transformados em curtas por Rafael Conde; b) Dois homens, de Luiz Vilela, tornado um curta homônimo por Helvécio Marins Jr.; c) O bloqueio, de Murilo Rubião, que virou animação por artes de Cláudio de Oliveira e Fernando Rabelo; d) Rio De-Janeiro, Minas, que é adaptação de trechos de Grande sertão: veredas, de Guimarães Rosa.

[8] Alguns desses videopoemas são Caramujo-flor e O enigma de um dia, de Joel Pizzini, e Nome, de Arnaldo Antunes. Sobre outros videopoemas, cf. FRAGA, <http://www.letras.ufmg.br/atelaeotexto>.

[9] GONZAGA E SILVA. In: <http://www.letras.ufmg.br/atelaeotexto>.

[10] No texto "Ver a música, ouvir a imagem: a arte do videoclipe", de Thayse Leal Lima, analisam-se algumas dessas produções como Amor, I love you, de Cláudio Torre e J. H. Fonseca, Fora da ordem, de Caetano Veloso, e Livros, de Monique Gardenberg. Cf. LIMA. <http://www.letras.ufmg.br/atelaeotexto>.

realidade dos leitores daquela época (quando o público de cinema era, proporcionalmente, muito mais amplo e sofisticado que o de hoje), mas também intensificou as mútuas apropriações entre cultura de massa (cinema) e cultura letrada (literatura, críticas literária e cinematográfica)[11].

5. *As propostas educacionais transdisciplinares* – uma das mais importantes conseqüências da crise dos paradigmas de produção do saber é a emergência do conceito de *transdisciplinaridade*, desenvolvido como "uma espécie de *pensamento complexo*, que Edgard Morin, entre outros, tem procurado provocar" (YUNES, 2002. p. 25). Considerada como uma idéia em construção, essa perspectiva questiona os modelos duais e excludentes em favor de teorias que favoreçam as construções em rede, possibilitando a existência de coletivos pensantes, pedagogias cooperativas e atitudes solidárias. Nesse rumo, as intervenções e as metodologias deverão ser capazes de franquear aos sujeitos do processo de ensino-aprendizagem o trânsito permanente por vários campos disciplinares.

Nesse contexto, o letramento literário deve assumir, cada vez mais, seu caráter de jogo – de ação livre, executada como expressão de imaginação e catarse, articulada nos níveis do possível, do impossível, do vivido e do contingente, sentida como algo que desconstrói os estereótipos do cotidiano e instaura o círculo mágico do prazer. E que, justamente por isso, seja capaz de absorver inteiramente o jogador/leitor/espectador, perdendo seu caráter de adereço e passando a funcionar, na pior das hipóteses, como uma necessidade e, no melhor dos mundos, como um desejo. Nessas circunstâncias, a leitura será realizada em tempo e espaço autodefinidos (no círculo mágico criado pelo leitor e seu texto), mas conectados a todos os espaços e tempos de outros hipertextos.

---

[11] Sobre esse tópico, v. SANTIAGO, 2001. p. 71-90.

Em correlações dessa natureza, é sempre possível estabelecer novos espaços de subjetivação e produção de saber. Os atores neles envolvidos poderão exercitar a velha catarse aristotélica sob a forma de autoconhecimento, construção coletiva de enciclopédias abertas, compartilhamento de afetos, enigmas, reflexões e surpresas. Num país que teve o privilégio de gerar educadores como Paulo Freire, é preciso aprender a ler a vida — não só a vida pessoal de cada um, embora também ela; não só a vida miúda do dia-a-dia, mas também a vida da humanidade, da Terra, do espaço sideral, do país; não só a vida material das coisas e das gentes, mas também a vida emocional, as percepções e imaginações ainda em estado de potência.

Se ensinar a ler literatura brasileira é explorar uma das estratégias mais eficientes de formação da nacionalidade no país, é necessário reconsiderar essa tradição e explorar suas virtualidades. No discurso carnavalizado da nação, o letramento literário e a alfabetização permanecem como processos que devem se articular de forma cada vez mais freqüente e solidária, numa rede de saberes capaz de contribuir para a construção do país que desejamos.

Referências

ARANTES, P. In: NOBRE, M. (Org.). *Conversas com filósofos brasileiros*. São Paulo: Ed. 34, 2000.

FRAGA, Adriana Alberto. *Imagem, performance e texto na videopoesia*. In: <http://www.letras.ufmg.br/atelaeotexto>.

FREYRE, Gilberto. *Casa-grande & senzala* – introdução à história da sociedade patriarcal no Brasil. 46. ed. Rio de Janeiro: Record, 2002.

GONZAGA E SILVA, Vívien. Arnaldo Antunes: uma poética de agora. In: <http://www.letras.ufmg.br/atelaeotexto>.

HUIZINGA, Johan. *Homo ludens*. São Paulo: Perspectiva, 5. ed., 2004.

LÈVY, Pierre. *As tecnologias da inteligência*: o futuro do pensamento na era da informática. Trad. C. I. da Costa. Rio de Janeiro: Ed. 34, 1993.

LIMA, Thayse Leal. Ver a música, ouvir a imagem: a arte do videoclipe. In: <http://www.letras.ufmg.br/atelaeotexto>.

LYOTARD, Jean-François. *A condição pós-moderna*. 5. ed. Rio de Janeiro: José Olympio, 1998.

OLIVEIRA, Leni Nobre. Espaços contemporâneos de consagração e disseminação da Literatura Brasileira. Tese de Doutorado, FALE/UFMG, 2006.

RICOEUR, Paul. *Tempo e narrativa*. Trad. C. M. César. Campinas: Papirus, 1994.

ROMERO, J. L. *Breve História de la Argentina*. Buenos Aires: Fondo de Cultura Econômica, 1996.

SANTIAGO, Silviano. Literatura no CEC e arredores. In: COUTINHO, Mário Alves *et al* (Org.). *Presença do CEC* – 50 anos de cinema em Belo Horizonte. Belo Horizonte: Crisálida, 2001.

SARLO, B. *La máquina cultural*. Buenos Aires: Ariel, 1998.

SOARES, 2003. *Revista Brasileira de Alfabetização*. In: <http://www.anped.org.br/rbe25/ anped-n25-art01.pdf> Acesso em: 27 abr. 2006.

WITTGENSTEIN, Ludwig. *Investigações filosóficas*. Trad. de J. C. Bruni. 2. ed. São Paulo: Abril Cultural, 1979. *Coleção Os pensadores*.

YUNES, Eliana (Org.). *Pensar a leitura*: complexidade. Rio de Janeiro: PUC-Rio; São Paulo: Loyola, 2002.

<http://www.dominiopublico.gov.br>.

<http://www.desvirtual.com/thebook/portugues/>.

<http://www.jaguadarte.zip.net/>.

<http://www.ebookcult.com.br/acervo/livros>.

Capítulo 2

LITERATURA E ALFABETIZAÇÃO: QUANDO A CRIANÇA ORGANIZA O CAOS

Maria Zélia Versiani Machado

Literatura e alfabetização

O paralelismo entre literatura e alfabetização sugerido pelo título deste trabalho não corresponde a uma relação simétrica, pois literatura designa o conjunto de textos ficcionais e poéticos – e aqui vou me referir àqueles que são escritos para crianças[1] – e alfabetização, o processo de aquisição do código da escrita, que leva o aluno a codificar e a decodificar, ao escrever e ao ler. Portanto, melhor título para o que pretendo abordar aqui seria: literatura na alfabetização.

---

[1] Considero a literatura num sentido muito mais amplo, tal como a define Antonio Candido, no texto em que defende o direito à literatura, relacionando-a à necessidade de fabulação própria do homem: "Não há povo e não há homem que possa viver sem ela, isto é, sem a possibilidade de entrar em contato com alguma espécie de fabulação. Assim como todos sonham todas as noites, ninguém é capaz de passar as vinte e quatro horas do dia sem alguns momentos de entrega ao universo fabulado. O sonho assegura durante o sono a presença indispensável deste universo, independentemente de nossa vontade. E durante a vigília a criação ficcional ou poética, que é a mola da literatura em todos os seus níveis e modalidades, está presente em cada um de nós, analfabeto ou erudito, como anedota, causo, história em quadrinho, noticiário policial, canção popular, moda de viola, samba carnavalesco. Ela se manifesta desde o devaneio amoroso ou econômico no ônibus até a atenção fixada na novela de televisão ou na leitura seguida de um romance." (1995, p. 242)

Haveria um paralelismo entre os termos, no entanto, se o tema proposto por mim fosse: letramento literário e alfabetização (tema desta mesa), pois, aí sim, ambos corresponderiam a processos: o processo da aprendizagem da leitura e da escrita, que se apóia numa tecnologia, e o processo que indica a condição daqueles que usam, por diversos motivos, a escrita e a leitura na vida social[2].

Refletir sobre literatura ou sobre letramento literário, durante o processo de alfabetização ou paralelo a ele, projeta o interesse deste trabalho para um tipo de produção literária que é especificamente aquela dirigida para as crianças que iniciam, pela leitura, o contato com textos escritos, o que reduz significativamente o amplo leque de livros da literatura denominada infantil. Darei ênfase, aqui, à literatura que pode ser lida pelas crianças nessa fase de formação, embora saiba que ouvir histórias mais extensas ou com um nível mais avançado de complexidade lingüística – como alguns contos de fadas, lendas, fábulas, entre outros gêneros que as crianças gostam de ouvir – muito contribuem no processo de letramento literário, sem que necessariamente as crianças tenham de dar conta de ler por elas próprias. Não quero aqui tratar de livros que têm a proposta de ensinar a ler e a escrever por meio da literatura – e a história dos métodos de alfabetização já passou por essa experiência –, mas de ver se existiriam livros que cumprem a necessidade de formação para a literatura, e aqui já estou no âmbito do letramento, livros que configuram uma proposta que supõe um leitor que inicia o seu contato com as letras. Parto, então, de uma pergunta: no conjunto do que designamos indistintamente

---

[2] Essa discussão no campo de estudos sobre alfabetização e letramento tem sido sustentada sobretudo pelos trabalhos de Magda Soares (2003), que apontam as especificidades dessas concepções para a compreensão das práticas de leitura e escrita na sociedade. No livro Alfabetização e Letramento (2003), a autora reúne importantes textos publicados, num período de 13 anos, nos quais reflete sobre os temas e suas relações.

literatura infantil, encontraríamos livros que se preocupam com o nível de proficiência das crianças, sem abrir mão do jogo ficcional ou poético que os caracterizariam como literatura?

A palavra e seus significados na infância

Não há como falar da literatura na alfabetização sem antes refletir sobre o modo como a criança, usando a linguagem verbal, se relaciona com as outras pessoas, em situações orais, antes mesmo de aprender a ler e a escrever. Aos quatro, cinco, seis anos, linguagem e imaginação não se separam, daí as deliciosas e surpreendentes tiradas em imagens poéticas, quando a criança tenta compreender e traduzir em palavras o mundo e tudo que acontece em volta dela.

Os estudos experimentais de Vygotsky sobre a relação entre linguagem e pensamento na infância oferecem interessantes elementos de compreensão do processo dinâmico de significação, realizado nas interações sociais das crianças. Com a finalidade de elucidar alguns traços desse processo, partirei de alguns exemplos típicos da linguagem infantil, para depois falar da literatura para crianças na fase de alfabetização.

Parto do pressuposto de que não é possível avançar na discussão – seja da aquisição do código, seja das práticas de letramento literário – sem que se evidencie o modo de constituição da linguagem pelas crianças, que se sustenta na curiosidade lingüística e na afetividade. Por isso, torna-se imprescindível buscar inicialmente a compreensão de como esses sujeitos, na infância, constroem na e pela linguagem falada o mundo e a si próprios, para depois pensar nas implicações que esse modo de construção do mundo apresenta para a literatura e suas relações com o processo de alfabetização da criança.

Um poeta chamado Eno Teodoro Wanke,[3] entre uma trova e outra, anotava tudo de interessante que as netas[4] lhe diziam em falas espontâneas, contextualizadas em pequenos diálogos e situações comunicativas, posteriormente registradas no livro *Mundinho infantil*. Vou utilizar algumas dessas frases como ilustração de procedimentos lingüísticos usados pelas crianças, que nos surpreendem diante de problemas que tentam resolver: "O sol desliga mas depois volta, num é?" (frase da menina Ingrid, aos 4 anos)

No estudo da formação de conceitos pela criança, Vygotsky denominou, no percurso da passagem de um nível de aquisição a outro, um tipo de *pensamento por complexos*, com muitas variações, caracterizado como um estágio em que *os objetos isolados associam-se na mente da criança não apenas devido às suas impressões subjetivas, mas também devido às relações que de fato existem entre esses objetos* (1993, p. 52-53). Para Vygotsky, o processo de significação é dinâmico, e nele

> a palavra primitiva não é um símbolo direto de um conceito, mas sim uma imagem, uma figura, um esboço mental de um conceito, um breve relato dele – na verdade, uma pequena obra de arte. Ao nomear um objeto por meio de um tal conceito pictórico, o homem relaciona-o a um grupo que contém um certo número de outros objetos. A esse respeito, o processo de criação da linguagem é análogo ao processo de formação dos complexos no desenvolvimento intelectual da criança. (1993, p. 65)

Assim, considerando que os complexos na linguagem infantil têm a função de estabelecer elos e relações, compreendemos como se processam muitos dos jogos semânticos que permitem, por exemplo, voltando à fala da menina

---

[3] O poeta nasceu em Ponta Grossa, no Paraná, foi presidente da Federação Brasileira de Entidades Trovistas (FEBET), escreveu inúmeros livros (mais de 600!) que ele mesmo distribuía via correio.

[4] As meninas tinham 4/5 anos quando as falas foram registradas.

Ingrid, que se faça uma correspondência entre 'desligar' e 'se esconder por detrás das nuvens'. Nesse caso, a criança agrupou elementos de sua experiência, organizando-os mentalmente pelo atributo de acender e apagar, próprio das luzes, em um contexto de linguagem que pode se apresentar, à primeira vista, como um desafio à lógica conceitual dos adultos, que rejeita a possibilidade de o Sol acender e desligar.

O processo criativo e dinâmico que caracteriza o desenvolvimento da linguagem verbal pelas crianças acontece em situações discursivas provocadoras, como nos mostra um outro exemplo, também ele característico do modo de apropriação da linguagem na infância:

> Luiza [de 5 anos] mora no oitavo andar. Toma o elevador com o pai para descerem ao térreo. Logo abaixo, entra outro morador do edifício e resolve puxar conversa e fazer gracinha com a menininha bonita:
> – Você vai lá embaixo tomar sol?
> – Não.
> – Então, vai tomar chuva?
> – Não.
> – Mas então o que é que você vai fazer lá embaixo?
> – Vou tomar vento.

Percebe-se no exemplo acima outro modo de constituir a coerência nas relações objetivas pela criança, mas só passível de compreensão quando se recupera a sua dimensão enunciativa. 'Vento' faz, assim, parte dessa família que reúne sol e chuva, mas constitui escolha que rompe com a lógica binária que regia o jogo proposto pelo interlocutor, jogo de perguntas que não previa como resposta possível um terceiro elemento, em posição não antagônica na cadeia de significação, já que se quebra a polarização sol/chuva. Daí o efeito surpreendente da expressão "tomar vento", naquele contexto.

Todos nós, falantes de uma língua, passamos por um processo de invenção que mais se aproxima de uma "desinvenção", porque, como aprendizes, para todo problema que as situações comunicativas nos colocam, levantamos hipóteses sobre as formas lingüísticas, em busca de uma regularidade. Assim, com freqüência ouvimos das crianças "criações" orientadas pela analogia com outros usos: "Eu io lá hoje"; "Eu se lembro de tudo. Eu sou muito selembrona".[5]

José Paulo Paes, autor de livros para crianças – com profunda sensibilidade para esses processos de construção da linguagem na infância –, escreveu sobre isso num relato de suas lembranças do período pré-escolar:

> Certa noite em que se preparava para ir com as irmãs a uma quermesse de igreja, tia Dinorá me pediu que fosse avisar minha mãe de que a prima Mercedes ia conosco. [...] Fui correndo dizer a mamãe que "a Mercedes vai com o Nosco". Como eu nunca tinha ouvido esse antipático e alatinado pronome, supus, naturalmente, que o tal Nosco fosse algum namorado da Mercedes. As risadas gerais me deixaram amuado. Amuado com as complicações dos adultos: porque dizer conosco quando se poderia simplesmente dizer "com nós"? (1996, p. 11)

Trata-se de uma busca de regularidade e coerência, apesar de todo o aspecto de criação aleatória digna de uma personagem saída das páginas de Lewis Carroll, como a que se percebe no pequeno diálogo que antecede a ida à praia, onde há perigo de as crianças se perderem:

> – Ingrid, você precisa saber o nome de tua mãe e do teu pai, direitinho, tá?
> – Tá.
> – Então, vamos lá. Como é o nome de tua mãe?
> – Dorotéa.
> – E do teu pai?
> – Direitinho.

---

[5] Exemplos de Eno Teodoro Wanke.

Voltamos, então, à nossa pergunta inicial: no conjunto de livros infantis (e o adjetivo nada tem de menor), haveria histórias e poemas que as crianças pudessem ler por elas próprias no processo de letramento que passa a incluir a leitura solitária a partir da alfabetização?

Uma literatura infantil não infantilizada

O processo de letramento literário pode começar muito antes do processo de alfabetização, como se sabe. A menina Luiza já nossa conhecida, é um exemplo disso, pois, com cinco anos de idade, já estava habituada às histórias como nos mostra a passagem abaixo, em que, movida pelo desejo, dá um recado ao adulto: não quer só uma história. Ela ainda não era alfabetizada, mas já sabia da possibilidade de invenção de outros mundos.

– Quantas histórias você vai me contar?
– Uma.
– E uma é quantas?

Alguns autores souberam fazer o exercício, nada fácil, de ouvir a infância para depois falar para ela. Ouviram com atenção as experimentações de linguagem próprias da infância e fizeram delas matéria de seus livros.

Silvia Orthof (que esteve presente no primeiro Jogo do Livro) foi uma dessas escritoras que cumpriram o papel de mostrar que a infância ensinava muito mais do que supunha a vã filosofia dos adultos. Muitos de seus livros colocam os leitores diante de situações conflituosas que dizem da condição humana, e são escritos para crianças, como a história da menina, não por acaso, chamada Infância, que tinha um galo, odiado pelos moradores de Copacabana ou a narrativa poética que trata da pergunta fundamental e insolúvel: Quem nasceu primeiro: foi o ovo ou a galinha?

José Paulo Paes, com verdadeira aversão à chatice dos textos literários que os adultos de sua época de menino queriam impingir às crianças, reconheceu como poucos os jogos da linguagem infantil, que têm a sua origem na descoberta das possibilidades de usos das palavras. O livro *Poemas para brincar*, ilustrado por Luiz Maia, talvez seja a expressão máxima da palavra como brinquedo e do brinquedo como elemento de organização do caos na infância. E assim ele se vingava da poesia edificante e bem comportada que era obrigado a declamar na escola. Tendo o elemento lúdico como motor de seus poemas infantis, o poeta reelaborou a tradição oral, sob a tônica do humor, como se mostra no poema-adivinha Letra Mágica: Que pode fazer você/para o elefante/tão deselegante/ficar elegante?/Ora, troque o f por g!/ Mas se trocar, no rato,/ o r por g/transforma-o você/(veja que perigo!)/no seu pior inimigo:/o gato.

Voltando ao modo de construção da linguagem pela criança e a sua tendência lúdica, uma das vantagens dos bons textos literários sobre os outros na alfabetização está na relação de igualdade que, do ponto de vista da enunciação, estabelecem com a infância. O eu-lírico do poema de José Paulo Paes não se coloca como autoridade, mas convida à participação na descoberta lingüística, que é também rima, ritmo e... riso. Em um texto sobre cartilhas lúdicas de sua época, Walter Benjamin, que acreditava que "onde as crianças brincam existe um segredo enterrado" (p. 142), fala da *preservação da soberania da criança que brinca,* em materiais *que não deixem que ela perca a força junto ao objeto de aprendizagem* e o que é mais interessante para nós, na sua análise, é a constatação do caráter de continuidade dessas propostas porque, segundo o autor, o terreno já se encontra preparado (BENJAMIN, 2002, p. 153).

Não é fácil, no volumoso conjunto da produção de livros para crianças no Brasil, encontrar autores que se ocupem dessa aventura, com a sensibilidade dos dois autores citados. Mas vale a pena procurar, porque eles existem. Não poderíamos deixar de lembrar aqui um projeto editorial, que teve o seu auge na década de 80, e que cumpriu e vem cumprindo ainda um papel importante no que se refere ao letramento literário na alfabetização. Trata-se da coleção *Gato e Rato*, de Mary e Eliardo França. A criança é quem dá as coordenadas naqueles textos escritos para ela. Rompe-se com a hierarquia adulto-criança, que costuma prevalecer nos primeiros contatos com a escrita – já que é o adulto o alfabetizado nessa polarização –, e a criança pode ler por ela mesma (a complexidade da linguagem busca atender a níveis de iniciação, sem que se banalize ou se reduza o teor provocador e a qualidade do texto). Não poderíamos deixar de falar também das imagens que dialogam com o texto, aliás outra característica do projeto para o qual texto e ilustração participam com o mesmo peso no processo de produção de sentido. A ilustração, que é também "texto", não repete, mas acrescenta por isso a pertinência da expressão 'diálogo' para caracterizar essa dobradinha. É a criança quem vê, é a criança quem lê, possibilidades criadas pela capacidade de escrever/desenhar pelos olhos da infância.

Poderia citar muitos outros autores que, na história da literatura infantil, fizeram boa literatura para crianças que iniciam seu contato com livros, quando aprendem a ler e a escrever. Recentemente, em um curso de formação de professores no interior de Minas, escutei um relato de uma professora alfabetizadora sobre uma aluna que passou a se interessar pela leitura quando conheceu o poema "Leilão de Jardim", de Cecília Meireles[6]. Depois de escutar o poema na escola, ela se sentiu motivada a lê-lo por ela mesma, porque aquele texto fazia sentido para ela. Hoje,

---

[6] MEIRELES, Cecília. Leilão de Jardim. *Ou isto ou aquilo*. Rio de Janeiro: Nova Fronteira, 1987.

mais que nunca, a infância disputa uma importante fatia do mercado editorial brasileiro, por isso devemos, enquanto mediadores culturais, buscar livros que mantenham vivo o interesse das crianças pela leitura. O crescimento da produção cultural para a criança leva-nos a, cada vez mais criticamente, pensar nesses dois pólos, o do adulto e o da criança, e no seu ponto de equilíbrio, já que certamente o que convencionamos a chamar *qualidade literária* do que se escreve para crianças se aproxima dos modos de perceber o mundo, próprios do olhar infantil, que nossas lentes adultas, muitas vezes, não permitem ver.

Referências

BENJAMIN, Walter. *Reflexões sobre a criança, o brinquedo, a educação.* São Paulo: Duas Cidades/Editora 34, 2002.

CANDIDO, Antonio. O direito à literatura. In: CANDIDO, Antonio. *Vários escritos.* São Paulo: Duas Cidades, 1995.

FRANÇA, Mary & FRANÇA, Eliardo. *Que medo!* Coleção Gato e Rato. São Paulo: Ática, 1988.

ORTHOF, Sylvia. *Galo, galo, não me calo.* Il. Cláudio Martins. Belo Horizonte: Formato, 1992.

ORTHOF, Sylvia. *Foi o ovo? Uma ova!* Belo Horizonte: Formato, 1990.

PAES, José Paulo. *Quem, eu?* São Paulo: Atual, 1996.

PAES, José Paulo. *Poemas para brincar.* Il. Luiz Maia. São Paulo: Ática, 1990.

SOARES, Magda. *Alfabetização e letramento.* São Paulo: Contexto, 2003.

VIGOTSKY, L. S. *Pensamento e linguagem.* São Paulo: Martins Fontes, 1993.

WANKE, Eno Teodoro. *Mundinho infantil.* Rio de Janeiro: Codpoe, 1990.

Capítulo 3

ALFABETIZAÇÃO E LETRAMENTO: OS PROCESSOS E O LUGAR DA LITERATURA

Cecília Goulart

As reflexões que apresento no presente artigo vêm sendo construídas na experiência de acompanhamento de professoras e crianças em turmas de alfabetização e nas primeiras séries do ensino fundamental, além de pesquisas realizadas por mim e por outros pesquisadores ocupados com os processos de aprender a ler e a escrever.

A discussão sobre as dificuldades da escola para dar conta de alfabetizar de modo íntegro a população brasileira envolve muitas questões, como tem sido apontado por pesquisadores e professores – questões políticas, culturais, sociais, históricas, entre outras origens. A discussão é situada principalmente desde o final do século XIX. No interior dessa discussão, a questão do método de alfabetização sempre se fez presente.

Hoje, na primeira década do século XXI, a discussão continua, incorporada de novos conhecimentos de diferentes áreas de estudo desenvolvidos especialmente a partir da década de oitenta do século passado. Tais conhecimentos têm possibilitado uma discussão muito mais qualificada do tema, levando-nos à compreensão e explicação de muitos aspectos, fatos e fenômenos tradicionalmente recorrentes no processo de alfabetização, além de nos terem revelado aspectos desconhecidos e redimensionado facetas até então pouco destacadas.

Apesar dos avanços, entretanto, dados de testes nacionais e internacionais continuam a apontar dificuldades que alunos das escolas brasileiras têm para compreender textos escritos, para além dos caracteres gráficos, estabelecendo pontes com outros textos e mesmo realizando inferências e relações com base no material lido. A dificuldade de escrever é fato notório desde há muito tempo.

Uma questão, então, que teima em permanecer, e que tem preocupado permanentemente, é a dislexia sígnica que tem se produzido em uma parcela imensa da população brasileira (Pacheco, 1998), que é agravada pela apresentação da linguagem escrita como um simulacro, revelando um trabalho alfabetizador isolado das tensões discursivas e da historicidade, existentes em qualquer processo e qualquer texto. Os alunos são considerados alfabetizados pela escola, no entanto não modificam, ou modificam muito pouco, a sua condição de pertencimento à sociedade letrada. Essa incapacidade gera nos alunos sentimentos de incompetência e de impotência que reforçam a sua "desqualificação" social (Moyses, 1985).

No relatório sobre a alfabetização brasileira, elaborado sob a chancela da Câmara Federal (Comissão de Educação e Cultura, 2003), lemos uma preocupação com a dislexia na aprendizagem da leitura, perturbação esta que, segundo estudiosos, é observada em parcela mínima da população e que, por muitos, é associada a métodos que dicotomizam significante e significado, como com muita facilidade acontece no trabalho com o método chamado fonético, método este incentivado a ser utilizado pelos professores de acordo com o referido relatório, quase como uma solução para os problemas na alfabetização.

Não temos dúvida da relevância dos estudos lingüísticos, principalmente descrevendo a língua, para a compreensão da sua estrutura, de seus princípios e da relação entre oralidade e escrita. Sabemos, entretanto, que a análise da língua realizada pela criança para aprendê-la não é a de um pequeno lingüista, como se chegou a pensar no desenvolvimento de estudos da aquisição da linguagem oral (PETERS, 1983). Muitos dos estudos estruturais de descrição lingüística são criticados até por terem "esquecido" o processador da língua, o sujeito falante. A consciência fonológica, também ressaltada no referido relatório, por sua vez tem sido examinada e medida em crianças, antes e durante o percurso do processo de alfabetização, o que tem levado alguns autores a destacá-la como fator necessário para a aprendizagem da escrita. Entendemos, de acordo com pesquisas realizadas (CHOMSKY, 1971a, 1971b, 1979; CLARKE, 1989; PACHECO, 1997), que são muitas as janelas lingüístico-discursivas que se abrem para as crianças no processo de aprender a ler e a escrever. Algumas crianças são mais sensíveis a palavras e textos, como um todo, e outras, mais sensíveis a fonemas ou sílabas, e mesmo a letras. Entendemos, e temos observado esse aspecto no acompanhamento dos processos de alfabetização de crianças, que a consciência fonológica se desenvolva no percurso da aprendizagem da linguagem escrita, isto é, como um produto desse processo, e não precisa ser tomada como condição para a aprendizagem em questão, o que tem sido mostrado por alguns autores (READ, 1971, 1975; SULZBY, 1987, 1992, entre outros).

Muitos aspectos do ensino da escrita podem ser focalizados considerando as reflexões e as preocupações acima, na perspectiva do objeto de estudo em questão. Destacando apenas três, pelos limites que a apresentação impõe, diria que o primeiro se refere à língua escrita trabalhada como uma transcrição do oral. Segundo a lingüista Ruth Monserrat (1986),

> a maioria dos alfabetos "fonêmicos" atuais – tanto os das línguas com longa tradição escrita, como os das com escrita recente – são uma mescla de símbolos fonêmicos, morfofonêmicos e

até logográficos. Em outras palavras, a essência atual da escrita no mundo tem caráter em grande medida convencional, embora ela tenha tido origem na representação parcial da fala.

Um segundo aspecto se relaciona à sintaxe da língua escrita, ao léxico e aos conjuntos de sinais que contribuem para o sentido do texto, como sinais de pontuação e de acentuação, marcadores de paragrafação, de divisão das palavras em final de linha e também a disposição gráfica do texto, ainda que consideremos a relação oralidade-escrita como um *continuum*. O terceiro aspecto está vinculado aos modos de apropriação do objeto pelos sujeitos.

Ou seja, enquanto o foco do trabalho de leitura e de escrita no método fonético se concentra na chamada relação fonema-grafema, muitas outras informações relevantes ao objeto em estudo são deixadas de lado. Por outro lado, os sujeitos da aprendizagem, em geral, não são considerados em suas relações concretas com o mundo em que vivem, que geram conhecimentos, afetividades, modos de ser e pensar, impregnando suas identidades.

Acredito que esse modo de encarar o ensino no processo de alfabetização ainda se dê, em parte, por não se levar em consideração as complexas relações que sabemos existir entre os processos de ensino e de aprendizagem. Segundo Colinvaux (2005), destacando marcas comportamentalistas na ação de professores ainda hoje,

> o ideário educacional aponta para uma noção de aprendizagem cujas principais características são:
> - aprendizagem é um processo previsível e controlável (e são testemunho disso os currículos e programas escolares que supõem um tempo métrico rigorosamente regulado);
> - a aprendizagem que visa à formação de conhecimentos é um processo que avança passo a passo, de modo linear e cumulativo;

- a aprendizagem é passível de medição/avaliação, sendo o resultado geralmente aferido de modo dicotômico: o aluno aprendeu, ou não![1]

A autora prossegue nas reflexões sobre aprendizagem destacando traços recorrentes dessas idéias que podem ser sintetizados em princípios. São eles:

- a aprendizagem deve ir do concreto ao abstrato;
- a aprendizagem deve ir do mais simples ao mais complexo;
- a aprendizagem deve ir do particular ao geral.

Colinvaux problematiza e nega de modo fundamentado tais princípios, e postula que aprendizagem significa mudança. Segundo ela, não são quaisquer mudanças e/ou diferenças que podem ser qualificadas como aprendizagem: interessam mais particularmente os processos de mudança caracterizados como *emergência de novidades*, isto é, aqueles processos em que aparecem condutas que indicam novas formas de ver, pensar, fazer ou falar, o que tem se destacado muito em nossos estudos recentes (GOULART, 2003, 2005a, 2005b).

Outro ponto enfatizado pela pesquisadora é que tradicionalmente o foco do trabalho escolar recai sobre produtos e resultados, e que, com o avanço das pesquisas, os *processos* ocuparam esse lugar. Os percursos dos aprendizes precisam ser considerados. Nas palavras de Colinvaux:

> Além disso, é necessário examinar as formas - os 'desenhos' – que assumem os caminhos de aprendizagem. Hipoteticamente, podemos imaginar desde trajetórias lineares, 'vetoriais', passo a passo, continuístas, passando por rupturas, revisões, ampliações, até caminhos não lineares, mas, sim, em espiral ou na forma de redes...

---

[1] Além disso, ainda que de forma contraditória, um número significativo de educadores argumenta que cada aluno é único, cada processo de aprendizagem radicalmente singular.

Do ponto de vista da alfabetização, o trabalho de inúmeras professoras vem mostrando que a criança, desde o início do processo de escolarização, pode ser apresentada à linguagem escrita como um sistema complexo de produção de sentidos e de histórias, altamente convencional. A criança, no movimento e no desejo de aprender (desejo que também é trabalhado), e instigada por intervenções das professoras e por atividades por elas propostas, é capaz de elaborar análises da língua, de forma também complexa, que a levam paulatinamente a compreender e a coordenar os vários aspectos envolvidos na aprendizagem da leitura e da escrita, sejam eles ligados à organização espacial da escrita e do texto no papel, sejam eles fonético-fonológicos, morfossintáticos, semânticos e discursivos, entre outros. Nesse mesmo sentido, vai aprendendo sobre os usos e as funções sociais da língua escrita, seu valor, suas variadas possibilidades de manifestação.

De acordo com as considerações apresentadas, entendemos, como postula Soares (2003), que os processos de alfabetização e de letramento são distintos, mas interdependentes e indissociáveis. Se de um lado reconhecemos, como nos provoca a autora, a necessidade e o desafio de alfabetizar, letrando, de outro, entendemos também a necessidade de letrar, alfabetizando.

No contexto da relação dialética acima explicitada, duas questões se mostram relevantes na perspectiva do trabalho político-pedagógico: (i) os sujeitos aprenderem o que a escrita faz com eles, assim como o que podem fazer com a escrita; e (ii) a escola trabalhar no sentido de que o conhecimento dos alunos dialogue com o conhecimento valorizado socialmente, sem que este se sobreponha àquele.

Ler e escrever são atividades altamente complexas que envolvem o conhecimento de linguagens sociais (BAKHTIN, 1998, p. 154-155), que historicamente e culturalmente foram se organizando oralmente e por escrito, por meio de recursos expressivos, como modos de dizer os conhecimentos das diferentes esferas sociais criadas pelo homem. As linguagens sociais apresentam a noção das esferas de conhecimento com sintaxes e repertórios lexicais que as caracterizam, associadas a gêneros do discurso que foram se elaborando para dar conta das necessidades humanas nas situações sociais.

Ensinar, pois, a linguagem escrita sem considerar tais aspectos é perder suas características vitais sem as quais a linguagem perde seu vigor político, sua abertura a múltiplos sentidos, sua atmosfera de campo aberto à entrada e saída de sujeitos, espaço de liberdade e de constrição que é.

Para evitar mal-entendidos, com base em Marcuschi (2005), é necessário ressalvar que não vamos ensinar linguagens sociais e gêneros do discurso na escola, mas vamos trabalhar com a idéia de linguagens sociais e de gêneros do discurso. As linguagens sociais ligadas às esferas sociais do conhecimento nos dizem das muitas possibilidades que temos de olhar para o mundo, são perspectivas sociais; e os gêneros do discurso são formas de ação social nesse mundo, nessa realidade. Ampliam, portanto, nossas possibilidades discursivas, ampliando nossas possibilidades de participar de forma mais ativa e compreensiva da sociedade.

Destacamos de novo a relevância de pensar nas características do objeto a ser aprendido/ensinado, a linguagem escrita, e nos sujeitos que se movimentam em sua direção para compreendê-lo. De acordo com Bosi (Revista CULT, 1999), *objeto do olhar e modo de ver são fenômenos de qualidade diversa; é o segundo que dá forma e sentido ao primeiro.* Assim entendemos o processo de aproximação das crianças a esse objeto do olhar que é a linguagem escrita materializada em textos. São seus modos de ver/ler/viver os textos que vão dando forma, mostrando como funciona, como produz sentido aquela linguagem. E aí a professora tem um papel fundamental de provocar o olhar, chamar atenção de detalhes, de sentidos e de formas, sem perder a paisagem.

De modo geral, corremos o risco de ficar tão preocupados com a técnica e com a descrição da língua, que podemos perder o caráter conceitual da alfabetização, retiramos o céu das nuvens, esvaziamos seu sentido, e, dissecando as árvores, perdemos as plantações, e não chegamos ao rio.

É aí, então, que entra em cena o papel da literatura, do letramento literário, que compreendemos interligado ao letramento com os textos não literários: os textos da vida cotidiana e de outras esferas sociais do conhecimento. O discurso literário é considerado por Bakhtin como uma cratera (BAKHTIN, 1998) em que se hibridizam muitas linguagens sociais, muitos gêneros, muitos sujeitos, apresentando a sociedade de forma viva, pulsante, contraditória, estetizando e arquitetando a linguagem de modos diversos. As perspectivas de compreender a realidade, abertas pelos autores dos textos literários, os colocam como grandes companheiros de trabalho nas classes de alfabetização, como um grande centro de força. Não como ferramenta. Como já destacamos, o objeto de reflexão de um texto é o próprio texto, a forma como é trabalhado para o entendimento que vai sendo construído entre os alunos e a professora.

A literatura pode se constituir como fonte para a formação de leitores críticos: vivendo o desafio de interpretar vazios, ambigüidades, novas relações, novos modos de viver, conhecer, fazer e falar. A abertura de janelas no texto literário torna-o um grande hipertexto.

Podemos pensar sobre o letramento literário no sentido de que a literatura nos letra e nos liberta, apresentando-nos diferentes modos de vida social, socializando-nos e politizando-nos de várias maneiras, porque nos textos literários pulsam forças que mostram a grandeza e a fragilidade do ser humano; a história e a singularidade, entre outros contrastes, indicando-nos que podemos ser diferentes, que nossos espaços e relações podem ser outros. O outro nos diz a respeito de nós mesmos – é na relação com o outro que temos oportunidade de saber de nós mesmos de uma forma diversa daquela que nos é apresentada apenas pelo viés do nosso olhar.

Para concluir, lembro que fomos o último país a acabar com a escravidão, e dados vêm indicando que poderemos ser dos últimos também a garantir que a linguagem escrita seja um bem distribuído de modo equânime por todos os brasileiros.

Temos, por isso, que seriamente dar continuidade a essa discussão sobre modos de conceber a alfabetização e seu objeto de estudo principal, para não cairmos no engodo de que novos conhecimentos têm-nos feito piorar a situação da alfabetização no Brasil, ou para não deixarmos que leituras oblíquas do processo educacional brasileiro nos levem a negar avanços conquistados.

A Arte pode nos ajudar muito por ser politicamente incorreta; como diz Clarice Lispector, a arte não vem para afirmar a ordem, vem para inaugurar novas ordens. Considero que do mesmo modo deva ser a Educação: também deve ser politicamente incorreta se quiser trabalhar para a transformação do que temos tido tanta dificuldade de mudar - que seja para inaugurar novas ordens.

Referências

BAKHTIN, M. *Questões de literatura e de estética*. A teoria do romance. São Paulo: Unesp: Hucitec, 1998.

CHOMSKY, C. Invented spelling in the open classroom. *Word, 27*, 1971a, p. 499-518.

CHOMSKY, C. Write first, read later. *Childhood Education, 41*, 1971b, p. 296-299.

CHOMSKY, C. Approaching reading through invented spelling. In L.B. Resnick and P. A. Weaver (Eds.). *Theory and Practice of Early Reading*, vol. 2, 1979, p. 43-65. Hillsdale, NJ: Erlbaum Associates.

CLARKE, L. K. 1989. Encouraging invented spelling in first grader's writing: effects on learning to spell and read. *Research in the Teaching of English*. Clay, M. M. 1975. *What did I write? Beginning Writing Behaviour*. Portsmouth, NH: Heinemann.

COLINVAUX, D. *Aprendizagem: questões para pensar*. Texto em preparação, circulação restrita, 2005.

COMISSÃO DE EDUCAÇÃO E CULTURA. Grupo de trabalho Alfabetização Infantil: os novos caminhos – Relatório Final, Câmara dos Deputados, Brasília, 15 de setembro de 2003.

GOULART, C. M. A. Alfabetização, letramento, linguagens sociais e gêneros discursivos: a complexidade e a indissociabilidade da tecnologia e do discurso da escrita. Trabalho apresentado na Mesa-redonda: Letramento e Alfabetização: um casamento pertinente? Seminário Letramento e alfabetização, *14º COLE – Congresso de Leitura*, Unicamp, Campinas, 2003.

GOULART, C. M. A. Linguagens sociais e argumentação: investigando modos de letrar e ser letrado. *Seminário Dialogismo bakhtiniano: interlocuções com a lingüística, a psicologia e a educação*, Curso de Pós-Graduação em Psicologia, Núcleo de Pesquisa em Argumentação, UFPE, Recife, 2005a.

GOULART, C. M. A. Histórias de crianças, linguagem e educação infantil. *Cadernos de Pesquisa em Educação*, PPG-UFES, Vitória, v. 11, *n. 22*, p. 139-157, 2005b.

MARCUSCHI, L. A. *A linguagem no cotidiano e na literatura: como enquadrar o ensino de ambos com base nos gêneros textuais?* 15º COLE - Congresso de Leitura. APLL – Associação de Professores de Língua e Literatura, Unicamp, Campinas, 6 a 9 de julho de 2005.

MONSERRAT, R. *Myky: Língua escrita versus fala escrita.* Comunicação apresentada na 38ª Reunião Anual da SBPC, Curitiba, 1986.

MOYSES, Sarita. Alfabetização. Estratégia do código ou confronto da história? *Educação e Sociedade,* São Paulo, *22* set./dez. 1985, p.84-92.

PACHECO, C. M. A. (atual Goulart). *Era uma vez os sete cabritinhos: a gênese do processo de produção de textos escritos.* Tese de Doutorado. Departamento de Letras, PUC-Rio, 1997.

PACHECO, C. M. A. Leitura e linguagem no espaço escolar: uma reflexão sobre a formação de disléxicos sociais. *Revista UNDIME/ RJ,* n. *2,* ano IV, Rio de Janeiro, 1998.

PETERS, A. M.. *The units of language acquisition.* Cambridge: C.U.P., 1983.

READ, C. Preschool Children's Knowledge of English Phonology. *Harvard Educational Review,* 41, 1971, p.1-34.

READ, C. Lessons to be learned from the preschool ortographer. In E. H. LENNEBERG & E. LENNEBERG (Eds.). *Foundations of Language Development - A Multidisciplinary Approach.* v. 2. New York: Academic Press, 1975 p. 367-392.

REVISTA CULT. Alfredo Bosi decifra enigmas de Machado de Assis, abril de 1999, p. 41.

SOARES, M. B. Letramento e alfabetização: as muitas facetas. *Revista Brasileira de Educação,* n. *25,* p. 78-94, jan./abr. 2003.

SULZBY, E. Children's development of prosodic distinctions in telling and dictating modes. In A. MATSUHASHI (Ed.). *Writing in real time.* Norwood, NJ: Ablex, 1987.

SULZBY, E. Writing and reading: signs of oral and written language organization in the young child. In W. H. TEALE; E. SULZBY (Eds.). *Emergent literacy - writing and reading.* Norwood, NJ: Ablex, 1992 [1986].

Capítulo 4

LITERATURA *INFANTIL* E *JUVENIL*: UMA REFLEXÃO SOBRE A CONSTRUÇÃO DA INFÂNCIA E DA ADOLESCÊNCIA

Marta Passos Pinheiro

O adjetivo infantil e mais recentemente o juvenil atrelados à literatura caracterizam o público a que se destina essa produção cultural: a criança e o jovem (adolescente). A *construção* dessas fases da vida está diretamente relacionada ao modelo burguês de família e à escola moderna. A função que foi atribuída à literatura infantil e juvenil pode ser melhor compreendida através da análise da forma como a relação entre infância, e mais tarde adolescência, escola e literatura foi sendo estabelecida.

Neste artigo, apresentaremos uma investigação da *construção* da idéia da infância e adolescência como fases específicas da vida. Mediante a análise dessa *construção*, acreditamos poder entender melhor a função que vem sendo atribuída à literatura que tem como sina carregar em seu nome as designações "infantil" e "juvenil", como os gados marcados a ferro pelos donos.

A construção da infância como uma fase específica da vida, distinta da fase adulta, pode ser melhor observada a partir da primeira metade do século XVIII, dentro do modelo familista burguês. Para ajudar a família burguesa no processo de educação das crianças, afastando-as do mundo dos adultos, *surgiu* a escola. Cunha ressalta que a escola, reformulada no século XVII, surgiu "como agência de apoio à família" (2003, p. 447). Comênio, um pensador da época, defendia a implantação de escolas usando como argumento a falta de tempo e de competência dos pais para educar os filhos.

> ... raramente os pais estão preparados para educar bem os filhos, ou raramente dispõem de tempo para isso, daí se segue como conseqüência que deve haver pessoas que façam apenas isso como profissão e desse modo sirvam a toda a comunidade[1]. (*apud* Cunha, 2003, p. 448)

A escola moderna proposta por Comênio é inserida no processo capitalista de divisão social do trabalho. Ela é definida como o lugar especializado em um novo serviço da modernidade: a educação das crianças.

> Com efeito, se um pai de família não tem disponibilidade para fazer tudo o que a administração dos negócios domésticos exige, mas se serve de vários empregados, porque não há de fazer o mesmo no nosso caso? Na verdade, quando ele tem necessidade de farinha, dirige-se ao moleiro; quando tem necessidade de carne, ao carniceiro; quando tem necessidade de bebidas, ao taberneiro; quando tem necessidade de um fato, ao alfaiate; [...] porque não havendo de ter escolas para a juventude? (*apud* Cunha, 2003, p. 448)

Para Cunha, Comênio estava à frente de seu tempo, já que naquela época "o sistema da aprendizagem cotidiana, que mantinha a criança junto dos mais velhos, era suficiente para transmitir a maioria das técnicas e dos valores relacionados à vida profissional" (2003, p. 449). Contudo, apesar de a educação das crianças ser responsabilidade da família, podemos observar, no discurso de Comênio, que essa responsabilidade deveria ser *dividida* com a escola. Aos poucos, segundo Ariès, a escola foi se constituindo como uma espécie de quarentena, e a escolarização, como um processo de enclausuramento:

---

[1] COMÊNIO, J. A. *Didáctica magna*. Trad. Joaquim Ferreira Gomes. 3. ed. Lisboa: Fundação Calouste Gulbenkian, 1895, p. 135.

...a criança foi separada dos adultos e mantida à distância numa espécie de quarentena, antes de ser solta no mundo. Essa quarentena foi a escola, o colégio. Começou então um longo processo de enclausuramento das crianças (como dos loucos, dos pobres e das prostitutas) que se estenderia até nossos dias, e ao qual se dá o nome de escolarização. (1981, p. 11)

Enclausurada na escola, a introdução da criança no *mundo dos adultos* é feita aos poucos, e de modo selecionado. Para isso, a pedagogia, novidade que estava em ascensão, utiliza como um de seus instrumentos, a partir do século XVIII, a literatura infantil. Esse novo *gênero* literário contribuiu para a formação moral das crianças e para a definição de um determinado tipo de infância, a infância burguesa, que passou a ser naturalizado como o único existente, o modelo considerado *ideal*.

Em nossa cultura contemporânea, esse modelo corresponde à criança de classe média que possui uma família e que é submetida a um longo período de escolarização. As diversas vivências dessa fase da vida, em uma determinada sociedade, não se encaixam nesse modelo. No Brasil, diferentes modelos de infância são destacados por Gouvêa:

> as múltiplas vivências da infância e seu processo de aprendizagem para a vida adulta deram-se historicamente a partir de seu pertencimento sociorracial e de gênero. Assim é que, por exemplo, a criança escrava exerce seu aprendizado para a vida adulta através do trabalho, iniciado já aos seis, sete anos de idade. O menino branco de elite tinha sua formação nos colégios, onde adquiria sua instrução intelectual, ao mesmo tempo que se preparava para o exercício do mando. Já as meninas brancas de elite tinham um aprendizado mais restrito, voltado para a aquisição de saberes tidos como "femininos". (2003, p. 14)

As diversas vivências da infância são definidas "pela inserção social, por pertencimentos raciais e de gênero" (Gouvêa, 2003, p. 14). A pesquisadora ainda destaca que a inserção social continua definindo a vivência da infância. Crianças da classe média têm na escola "o seu espaço "natural" de aprendizagem e preparação para a vida adulta"

(p. 16). Já as crianças de camadas populares estabelecem uma relação diferenciada com a escola: "A escolarização se dará num período de menor duração e a entrada nas responsabilidades do mundo adulto ocorrerá num período anterior" (p. 16).

A escola contribuiu para a definição do modelo de infância burguês, separando a criança do mundo dos adultos, e contribuiu, no final do século XIX, para a definição de uma *nova* categoria dos não-adultos: a adolescência. Segundo Ariès, no final desse século, a difusão, entre a burguesia, de um ensino superior – universidade ou grandes escolas – provocou uma separação entre a segunda infância e a adolescência (1981, p. 176). O pesquisador nos informa que na França, ainda nas últimas décadas do século XX, não existia essa separação entre a segunda infância e a adolescência nas classes populares onde não havia formação secundária:

> A maioria das escolas primárias permanece fiel ao velho hábito da simultaneidade do ensino. O jovem operário que obtém o certificado de conclusão do primeiro grau e não passa por uma escola técnica ou um centro de aprendizagem entra diretamente para o mundo do trabalho, que continua a ignorar a distinção escolar das idades. E aí ele pode escolher seus camaradas numa faixa de idade mais extensa do que a faixa reduzida da classe do colégio. O fim da infância, a adolescência e o início da maturidade não se opõem como na sociedade burguesa, condicionada pela prática dos ensinos secundário e superior. (Ariès, 1981, p. 177)

A separação dos alunos, por idade, em classes escolares contribuiu para a definição da segunda infância e da adolescência. Quanto menor for a divisão em classes, menor será a divisão dos alunos. Em um lugar em que só exista o ensino primário, como *definir* (separar) a segunda infância da adolescência? Isso nos leva a refletir sobre o papel da escola na definição e separação de determinadas fases da vida, como a infância e a adolescência.

Lajolo destaca o *resultado* (os objetivos) da construção da *nova* categoria de não-adultos:

> A construção da imagem do jovem ou do adolescente parece ter sido o passo seguinte, prosseguindo a segmentação com especificações à esquerda e à direita, dando concretude e visibilidade tanto a faixas etárias anteriores à idade escolar, quanto seccionando os anos finais da adolescência em novas categorias e subcategorias. O resultado é uma visão cada vez mais nítida dos indivíduos e dos segmentos populacionais que, recobertos por tais categorias, tornam-se mais conhecidos e, conseqüentemente, mais acessíveis, controláveis, manipuláveis. (LAJOLO, 2001, p. 26)

A construção de categorias, referentes às fases da vida, permite maior controle dos indivíduos. Enquadrados nelas, os indivíduos devem apresentar comportamentos, sentimentos, gostos e hábitos compatíveis com os que foram definidos como determinantes da categoria a qual fazem parte. Como construções sociais, essas definições são instáveis, mudam com o tempo.

Para Ariès (1981, p. 46), o adolescente é prefigurado, no século XVIII, com o conscrito, o jovem que se alistava no exército. Os cartazes de recrutamento se dirigiam aos jovens, destacando seus "belos corpos". A consciência da juventude pode ser observada na valorização da força física. O primeiro adolescente moderno típico é observado por Ariès em *Siegfried*, de Wagner:

> a música de *Siegfried* pela primeira vez exprimiu a mistura de pureza (provisória), de força física, de naturismo, de espontaneidade e de alegria de viver que faria do adolescente o herói do nosso século XX, século da adolescência. (1981, p. 46).

Segundo Ariès, esse modelo surgido na Alemanha wagneriana penetrou mais tarde, em torno de 1900, na França. "A 'juventude', que então era a adolescência, iria tornar-se um tema literário, e uma preocupação dos moralistas e dos políticos" (1981, p. 46). Após a Primeira Guerra

Mundial, "em que os combatentes da frente de batalha se opuseram em massa às velhas gerações da retaguarda" (ARIÈS, 1981, p. 47), o sentimento (consciência) da juventude se consolidou.

> Daí em diante, a adolescência se expandiria, empurrando a infância para trás e a maturidade para a frente. Daí em diante, o casamento, que não era mais um "estabelecimento", não mais a interromperia: o adolescente-casado é um dos tipos mais específicos de nossa época: ele lhe propõe seus valores, seus apetites e seus costumes. Assim, passamos de uma época sem adolescência a uma época em que a adolescência é a idade favorita. Deseja-se chegar a ela cedo e nela permanecer por muito tempo. (ARIÈS, 1981, p. 47)

Podemos observar que a valorização da força física do jovem contribuiu para a consolidação da *consciência* da adolescência. A adolescência foi construída como exclusividade masculina e ela aparece como sinônimo de juventude. Podemos observar ainda que a imagem de adolescente apresentada por Ariès não corresponde a uma determinada imagem presente no senso comum de nossa época.

Apesar de existir o tipo *adolescente-casado*, o casamento na adolescência não é bem recebido pela sociedade contemporânea. A adolescência vem sendo definida como a fase inicial da juventude (MELUCCI, 1997, p. 8), como uma idade de transição, da infância para a fase adulta, marcada por sentimentos de insegurança, de indecisão. O adolescente vem sendo construído como um ser em conflito, *aborrescente*. O discurso da Psicologia, da Pedagogia e algumas *imagens* da adolescência presentes na literatura, entre outros discursos e imagens, mostram-nos essa construção. A força física do adolescente tem como contrapartida a fragilidade emocional. O adolescente[2] precisa ser

---

[2] A adolescência, pelo senso comum e pelo Estatuto da Criança e do Adolescente (Lei 8.069/90), dura até os 18 anos: Considera-se criança, para os efeitos desta Lei, a pessoa até doze anos de idade incompletos, e adolescente aquela entre doze e dezoito anos de idade (2003, p.15).

orientado pelos adultos, precisa ser vigiado, controlado, para que *não se perca em sua adolescência*: para que não consuma drogas, para que não transe sem camisinha, para que estude, para que não engravide (no caso da adolescente). A escola e a literatura juvenil vêm realizando essa orientação.

A concepção do jovem como rebelde, que deu origem à imagem de adolescente que acabamos de apresentar, está presente desde o final do século XIX, nos Estados Unidos. Segundo Passerini, a obra *Adolescence*, publicada em 1904 pelo psicólogo G. Stanley Hall, anuncia a "descoberta" do adolescente americano (1996, p. 352). A pesquisadora observa a invenção da adolescência nesse momento, na virada do século XIX para o XX. Essa época "retoma em termos psicológicos e sociológicos a idéia da juventude como turbulência e renascimento, germe de nova riqueza para o futuro, força capaz de aniquilar a miséria do passado" (1996, p. 319). Passerini destaca a década de 60 do século XX como fase final desse conceito de adolescência e inclui os movimentos estudantis dessa década como *os últimos estertores*. Segundo a pesquisadora:

> No plano teórico, os estudantes de 1968 polemizaram duramente contra as concepções sociológicas da revolta enquanto revolta juvenil, mas na prática e na imaginação privilegiaram a figura do jovem andrógino em versão masculina, rebelde à ordem existente e portador do futuro, com fé numa igualdade fundada no fato de pertencerem a uma mesma classe de idade.
>
> O discurso sobre o jovem e o adolescente, compreendido entre aqueles dois períodos, foi caracterizado principalmente pela ênfase no gênero masculino e nas classes médias, não porque tomasse como objeto só aqueles jovens, mas por adotar sua imagem como modelo privilegiado. (PASSERINI, 1996, p. 319)

Esse modelo do jovem, de classe média, rebelde à ordem existente chegou ao Brasil em torno de 1950:

> Não foi muito antes dos anos cinqüenta que chegou ao Brasil a idéia de que a juventude (adolescência) constituiu faixa etária

determinada, com comportamentos, hábitos, sentimentos e problemas específicos, distintos dos problemas, hábitos, sentimentos e comportamentos de criança e de adulto. A argamassa mais visível a cimentar tal identidade foram os hábitos de consumo que, com a cultura de massa dos anos cinqüenta, aqui desembarcaram essa noção de juventude. (LAJOLO, 2001, p. 27)

Segundo Lajolo (2001, p. 28), os primeiros modelos de comportamento que caracterizariam o jovem vieram de Hollywood: o jeito rebelde de ser presente na juventude *sadiamente* transviada representada por James Dean e Elvis Presley.

O modelo destacado por Lajolo corresponde a uma determinada vivência da adolescência. As diversas vivências dessa *fase da vida*, assim como ocorre com a infância, são definidas "pela inserção social, por pertencimentos raciais e de gênero" (GOUVÊA, 2003, p. 14). A adolescência rebelde de classe média cabe à escola *controlar*. Esses adolescentes, assim como as crianças da classe média, têm na escola "o seu espaço 'natural' de aprendizagem e preparação para a vida adulta". Já os adolescentes de camadas populares estabelecem uma relação diferenciada com a escola. Durante essa fase da vida, muitos deles acabam saindo da escola. Muitos saem e ingressam no *mundo adulto* pelo trabalho. Alguns dos que saem da escola e não trabalham, tendo a rua como o espaço "natural" de aprendizagem para a vida adulta, são considerados *delinqüentes*. Essa adolescência *rebelde*, de classe popular, cabe a instituições, como o Presídio Muniz Sodré[3], no Rio de Janeiro, *controlar*. A escola parece não ter realizado sua *missão*.

---

[3] Na apresentação do Estatuto da Criança e do Adolescente (5. ed. 2003), Siro Darlan de Oliveira, Juiz da 1ª Vara da Infância e da Juventude, nos informa que o Presídio Muniz Sodré "abriga atualmente quase 300 adolescentes". O juiz ainda destaca que, pelos arts. 103 e seguintes da Lei 8.069/90, "a partir de doze anos, o cidadão, tal como o adulto que pratica crimes, é processado, julgado e privado da liberdade" (p. 9).

Podemos estabelecer uma relação entre tempo de escolarização e tipo de vivência da infância ou da adolescência. Quanto mais escolarizada for a criança, mais ela pode se aproximar do modelo tido como *ideal* de infância. Permanecendo na escola, ela pode retardar sua entrada no *mundo adulto*, podendo, assim, ter certo tipo de vivência da adolescência: o adolescente estudante, que não faz parte do mercado de trabalho e cuja *rebeldia* é *controlada* pela escola. A escola deve ser o lugar adequado de formação moral e intelectual das crianças e dos adolescentes. A literatura infantil e a literatura juvenil, utilizadas como instrumento pedagógico, participam desse processo de formação ao fornecer a seu público leitor normas de comportamento social.

A literatura infantil e a literatura juvenil na escola podem ser compreendidas como instrumento da pedagogia. Mesmo as histórias de qualidade estética reconhecida pela crítica, ao ser apropriadas pela escola, acabam sendo vítimas, muitas vezes, de uma inadequada escolarização. Submetida aos objetivos pedagógicos da escola, esse produto literário é marginalizado pela crítica: seu estatuto artístico é contestado, as designações de "infantil" e de "juvenil" são questionadas, sua escolarização é criticada. A literatura infantil e a juvenil, desde sua origem, vêm sendo prisioneiras do processo de formação do *aluno*. Entretanto, ao mesmo tempo em que a instituição escolar as aprisiona, vai expandindo seu mercado, constituindo seus leitores e garantindo a circulação dos livros, o que resulta em "lucros" para autores e editores da área. Assim, a literatura infantil e a literatura juvenil se mostram prisioneiras e cúmplices desse complexo processo cultural de formação de leitores.

Referências

ARIÈS, Philippe. *História social da criança e da família*. Trad. Dora Flaksman. 2. ed. Rio de Janeiro: LTC, 1981.

BRASIL. *Estatuto da criança e do adolescente*: Lei 8.069/90, 5. ed. Rio de Janeiro: DP&A, 2003.

CUNHA, Marcus Vinícius da. A escola contra a família. In LOPES, Eliane Marta Teixeira; FILHO, Luciano Mendes Faria; VEIGA, Cyntia Greive. *500 anos de Educação no Brasil*. 3. ed. Belo Horizonte: Autêntica, 2003.

GOUVÊA, Maria Cristina Soares de. Infância, sociedade e cultura. In: CARVALHO, Alysson; SALLES, Fátima; GUIMARÃES, Marília. *Desenvolvimento e aprendizagem*. Belo Horizonte: Editora UFMG; Proex-UFMG, 2003.

LAJOLO, Marisa. *Do mundo da leitura para a leitura do mundo*, 6. ed. São Paulo: Ática, 2001.

MELUCCI, Alberto. Juventude, tempo e movimentos sociais. In: PERALVA, Angelina Teixeira; SPOSITO, Marília Pontes (Org.). *Revista Brasileira de Educação*, número especial: Juventude e contemporaneidade. ANPEd, 1997.

PASSERINI, Luisa. A juventude, metáfora da mudança social. Dois debates sobre os jovens: a Itália fascista e os Estados Unidos da década de 1950. In: LEVI, Giovanni; SCHMITT, Jean-Claude (Org.). *História dos jovens*, v. 2. São Paulo: Companhia das Letras, 1996.

Capítulo 5

CRITÉRIOS PARA A CONSTITUIÇÃO DE UM ACERVO LITERÁRIO PARA AS SÉRIES INICIAIS DO ENSINO FUNDAMENTAL: O INSTRUMENTO DE AVALIAÇÃO DO PNBE 2005

Ludmila Andrade e Patrícia Corsino

O Programa Nacional Biblioteca da Escola (PNBE), em 2005, retoma o seu objetivo de formar ou ampliar o acervo de livros de literatura infanto-juvenil das bibliotecas das escolas públicas brasileiras. Depois de três anos com o Projeto Literatura em Minha Casa, que distribuiu coletâneas de obras literárias para os alunos levarem para casa, o programa volta o seu foco para a leitura literária na escola. Serão beneficiadas todas as 136.934 escolas públicas brasileiras com as séries iniciais do ensino fundamental, 1ª a 4ª séries, com pelo menos um acervo composto de 20 títulos diferentes. Mas, de acordo com o número de alunos da escola, esta poderá receber 10, 20 ou 100 títulos. Conforme previu o edital, cada editora interessada em participar do PNBE-2005 pôde enviar 25 títulos de obras literárias que considerassem adequadas às crianças das séries iniciais do ensino fundamental, de uma faixa etária que varia, majoritariamente, entre 6 e 12 anos de idade, residentes em todos os cantos do Brasil. Além de uma variedade de gêneros literários, a adequação incluía tanto a possibilidade de uma leitura autônoma da criança quanto de uma leitura mediada pelo professor.

Embora o Edital do PNBE-2005 explicite os critérios para seleção dos livros, o processo de seleção exigiu uma série de reflexões, procedimentos e decisões. A equipe de professores da FE-UFRJ, responsável pela coordenação do PNBE 2005, elaborou, em conjunto com a equipe da Coordenação de Avaliação de Materiais Didáticos e Pedagógicos da Secretaria de Educação Básica do Ministério da Educação e Cultura e com consultores com experiência de avaliações de PNBEs anteriores, um instrumento de análise das obras literárias inscritas que foi utilizado pelos 51 pareceristas que trabalharam no processo de seleção do acervo do PNBE-2005.

Neste trabalho, apresentamos o instrumento de avaliação construído, que contém quatro categorias de análise e seus respectivos desdobramentos conceituais. A primeira categoria foi a de elaboração literária; a segunda, a de pertinência temática; a terceira, a de qualidade de ilustração e, por fim, uma última categoria avaliou a adequação do projeto gráfico-editorial. Conforme poderemos apresentar, tais categorias foram embasadas na teoria da linguagem proposta por Bakhtin, com ênfase no conceito de polifonia e de gênero discursivo. Também foram bastante produtivos para a sua construção as noções e os conceitos definidores de literatura infantil e leitura literária de Zilberman, Paulino, Paiva, Evangelista, Brito, Soares, entre outros. Sobre a relação entre imagem e texto, ilustração e projeto gráfico, baseamo-nos em Azevedo, Camargo e outros e em aspectos fundamentais das práticas sociais de letramento social e escolar de Chartier, Darnton, Soares, Kleiman e outros.

É nosso objetivo neste texto discutir aspectos constitutivos das relações entre a qualidade do acervo literário da escola, a leitura literária e o letramento literário nas séries iniciais e a formação de professores-leitores e sua importância no processo de escolha, seleção e mediação da leitura de gênero literário, que apresenta suas especificidades entre a leitura de outros tantos gêneros que se vêm propondo na escola básica.

Literatura: ser ou não ser

A seleção dos livros passou por quatro momentos. Inicialmente foi feita uma pré-análise do acervo enviado pelas editoras de modo a ser retirados os livros que não estivessem de acordo com as especificações do Edital PNBE-2005. Nesse momento, foram considerados inadequados para avaliação os livros notadamente não literários, inacessíveis ou impertinentes às crianças de 1ª a 4ª séries do ensino fundamental. Essa primeira varredura já trouxe questões de fundo: que textos podem ser classificados como literatura? O que estávamos considerando como adequação ao público infantil? Seria importante levar em consideração a constatada defasagem entre idade e série? Como poderíamos levar em conta a tão importante mediação do professor?

A classificação de uma obra como literária implica um juízo de valor que, por sua vez, se insere numa rede de categorias de valores partilhados e historicamente variáveis que têm uma estreita relação com as ideologias sociais, ou seja, os valores se relacionam aos pressupostos pelos quais certos grupos sociais mantêm o poder sobre outros. Sendo assim, há uma instabilidade nessa classificação porque

> Todas as obras literárias [...] são "reescritas", mesmo que inconscientemente, pelas sociedades que as lêem; na verdade não há releitura de uma obra que não seja também "reescritura". Nenhuma obra, e nenhuma avaliação atual dela, pode ser simplesmente estendida a novos grupos de pessoas sem que, nesse processo, sofra modificações, talvez quase imperceptíveis. E esta é uma das razões pelas quais o ato de se classificar algo como literatura é extremamente instável. (EAGLETON, 2003, p. 17)

Optar por valores tendo como horizonte a multiplicidade da sociedade brasileira, com todas as inúmeras possibilidades de releituras e reescrituras, e como pano de fundo a amplitude, horizontalidade e até mesmo a ruptura de valores na cultura contemporânea, não é tarefa simples. Mesmo correndo riscos, optou-se por considerar literatura os textos que tivessem uma proposta ficcional como ação interlocutória preponderante, como afirma Paulino (2000), ou seja, que "intentasse agenciar o imaginário dos leitores, que fosse detonadora de um jogo de significações que excita o imaginário a participar de possibilidades da composição de outros mundos" (p. 44).

Observamos na literatura infantil, porém, com muita freqüência, a presença de uma vertente moralizante e educativa, o que se explica por sua origem histórica. Desde sua gênese, a literatura infantil teve como um de seus objetivos básicos inculcar valores, mudar comportamentos ou informar as crianças sobre os mais diversos assuntos através de histórias e personagens do mundo ficcional. Podemos constatar freqüentemente mesclarem-se às propostas de ação interlocutória, às vezes de modo predominante, propostas interlocutórias pragmáticas e informativas.

Tal fato foi reiterado em nossa pré-análise do acervo enviado pelas editoras. Os 278 livros retirados nessa fase podiam ser classificados como literatura infantil, por se constituírem em obras destinadas ao público infantil – com projeto gráfico atraente para esse público (cor, forma, textura, tamanho de letra, imagem, etc.) – porém sua proposta predominante não era ficcional. Tendo em vista tais preocupações, foram excluídas na pré-análise as obras predominantemente: i) informativas – manuais, enciclopédias, dicionários, biografias factuais, etc. –, ii) didáticas – com fichas de atividades, questionários e tratamento didatizante dos temas – e iii) religiosas ou moralistas.

Quanto à adequação ou inadequação da obra para o público do PNBE-2005, levou-se em consideração que textos densos e extensos teriam que ser mediados pelo professor. Mesmo assim, estes deveriam ter linguagem e abordagem do tema adequados à faixa etária e/ou um tratamento editorial que permitisse maior interação entre as crianças e o texto. No caso da previsão desta mediação, é preciso considerar com muito cuidado a experiência de leitura literária que o professor mediador deve ter. Tomando como referência a pesquisa Perfil de Professores, publicada pela Unesco (2004), os professores indicaram como preferência de leitura para ocupar parte do seu tempo livre as leituras relacionadas ao seu trabalho e área profissional, ou seja, uma leitura laboriosa. Apenas 27,6% deles citam a literatura de ficção nessa categoria, ou seja, uma leitura literária, de fruição, é pouco considerada pelos professores no seu tempo livre. Sendo assim, buscou-se não sobrecarregar o acervo com textos de difícil mediação.

Representatividade das obras: algumas considerações sobre a diversidade do acervo

Conforme o edital, teriam que ser consideradas para a composição do acervo a representatividade das obras no que diz respeito à diversidade de propostas literárias, estilos, épocas e regiões, além dos níveis de dificuldade, tendo em vista a leitura autônoma, nas primeiras séries do ensino fundamental, e a leitura mediada pelo professor. Tal diversidade foi observada com a presença, no conjunto de obras enviadas pelas editoras para seleção, de: contos, lendas e mitos de diferentes grupos étnicos e regiões do Brasil; obras originais e adaptações de cânones da literatura, de diferentes épocas e locais; obras de autores estreantes e de autores consagrados, antigos e contemporâneos, brasileiros e estrangeiros, com seus diferentes gêneros e estilos textuais. Considerando este conjunto, foi feita uma classificação das obras por gênero. Foram classificados como poéticos os textos que apresentam um trabalho com a linguagem em termos de ritmo, rimas e brincadeiras com os significantes, como são os casos de poemas, trava-línguas, adivinhas, parlendas e também as prosas rimadas e os contos acumulativos. Nas narrativas curtas com formato canônico, foram incluídos os contos, crônicas, lendas, textos de tradição oral, mitologias, fábulas e apólogos. Como muitos textos narrativos destinados ao público infantil não seguem esse formato canônico, as pequenas histórias e textos descritivos foram classificados como *outras narrativas curtas*. Classificaram-se os textos mais extensos, com 80 páginas ou mais, como narrativas longas, como foi o caso dos pequenos romances e das novelas. Houve também os textos teatrais e os livros de imagem que, como os outros, teriam de provocar o *jogo de significações*, permitindo a construção de uma narrativa pelo leitor/apreciador da imagem.

Além da qualidade, essa diversidade foi o critério básico para a composição dos 15 lotes de livros e, para contemplá-la, foi necessário fazer outra seleção, entre os livros avaliados como de boa qualidade, uma vez que o conjunto dos vinte livros de cada lote foi organizado equilibrando-se gêneros, autores, temas, regiões, épocas e dificuldade de leitura, já que um grupo considerável de escolas teria como escolha apenas um lote.

A seguir, analisamos as categorias de análise que foram levadas em consideração na avaliação da qualidade das obras do PNBE-2005.

Elaboração da linguagem literária

Esta categoria se refere à complexidade de linguagem no que diz respeito aos recursos lingüísticos empregados para se produzir efeitos estéticos. A respeito de todos os gêneros, foram levadas em consideração as qualidades textuais básicas, tais como coerência, coesão, progressão e consistência. Os textos narrativos foram avaliados em relação a aspectos como a ambientalização e a caracterização das personagens, o cuidado com a correção e a adequação do discurso das personagens a variáveis de natureza situacional e dialetal. Já os textos poéticos puderam ser analisados quanto a aspectos inerentes ao que produz a qualidade literária desse gênero, como rimas, ritmo, escolhas significantes adequadas à produção de sentidos e outros.

A elaboração literária foi analisada no quanto o texto produz, inova, inventa no seu tempo em relação à linguagem cotidiana e à tradição literária. A apropriação da linguagem cotidiana torna-se um parâmetro importante de ser observado, se pensamos no sentido de Bakhtin (1992) quando este autor se refere à incorporação constitutiva de gêneros primários (usados na oralidade, familiares, presentes na vida cotidiana) pelos gêneros secundários, nos quais se inclui a literatura. É na tensão entre esses dois eixos que ocorre a inscrição numa tradição de gêneros da escrita. Ao operar com os recursos da linguagem de tradição literária, utilizados de preferência de modo surpreendente, o texto contribui para a experiência estética do leitor. O oposto a esse trabalho estético elaborado e complexo seria uma linguagem de clichês, que reproduz modelos, muitas vezes colada na linguagem cotidiana, que provoca no leitor o reconhecimento do óbvio, ou seja, uma linguagem que não traz uma provocação estética. Dessa forma, o que determinou a boa avaliação na elaboração da linguagem literária foi, tanto na obra clássica e consagrada quanto na moderna, o que rompe com modelos e clichês, apresentando novos paradigmas.

Cabe ressaltar que os livros de imagens, por não terem um texto escrito, não foram avaliados nesta categoria.

Pertinência temática

Em relação à pertinência temática, foi observado o tratamento do tema, tendo como foco os interlocutores, a possível produção de sentidos que a obra literária pode provocar nos seus leitores – autônomos e ouvintes – crianças ou quase jovens, tendo em vista suas identidades sociais e culturais e de seus professores, mediadores da leitura. Sendo assim, buscou-se avaliar a polifonia da obra, as vozes em relação mútua, que expressam identidades culturais e sociais a se construir no processo que sua leitura pode desencadear.

Foi considerada na avaliação desta categoria a maneira complexa, dialógica, provocadora e aberta com que o tema é tratado no texto, deixando pontos de indeterminação para ser preenchidos pelo leitor. O oposto seria o tratamento didatizante, moralizante e até mesmo maniqueísta e preconceituoso do tema. Cabe ressaltar que não se trata da não-pertinência de uma abordagem de temas religiosos, políticos, morais ou informativos, mas sim da forma com que estes são apresentados em detrimento de um trabalho literário provocativo capaz de instigar o conhecimento de outros mundos e de remeter às questões de diversidade cultural. Sendo assim, quanto mais polifônicos o tratamento do tema, a complexidade do enredo, o desenvolvimento do conflito, a construção das personagens, a possibilidade de fruição estética, o distanciamento do senso comum etc. melhor avaliado foi o texto, quando mais fechado, nonológico e preconceituoso, pior.

O livro de imagem foi avaliado nesta categoria pelas possibilidades de tratamento do tema suscitadas na seqüência das ilustrações. As escolhas da técnica e dos recursos gráficos, traço, cor, movimento, expressão das personagens, ambientação revelam maior ou menor polifonia no tratamento do tema. Aqui também a inovação, o surpreendente e o dialogismo foram os critérios de avaliação.

Ilustração

Quanto à ilustração, foi observada a relação estabelecida entre o aspecto visual e o texto verbal: o diálogo entre o verbal e o não-verbal, também foi visto na sua dimensão polifônica. Uma ilustração que retrate literalmente o que o verbal expressa não estabelece uma leitura dialógica do texto literário, já uma ilustração que busque atravessar o verbal em sua referencialidade e estabelecer a partir dele uma leitura própria, propositiva e criativa, pôde ser considerada uma boa ilustração. Os avaliadores buscaram identificar se o universo de significação era afetado pela imagem, se as imagens marcavam uma plurissignificação, pelo tratamento estético visual que traziam para o texto verbal. Os aspectos observados foram: qualidade da apresentação dos componentes da ilustração – cenário, personagens, ação e outros –; organização da composição – planos, ângulos, luz, contraste, inacabamento, uso de cores ou branco e preto e outros –; técnicas empregadas e sua adequação ao tema (guache, aquarela, gravura em metal, colagem, fotografia, massinha, imagens de síntese em computador, desenho e outros).

Projeto gráfico

O projeto gráfico dá visibilidade e legibilidade à obra, tornando-se um convite inicial à leitura através do que está proposto como formato táctil, gráfico e funcional. Portanto, nesta categoria foi avaliado o objeto livro no seu formato, tamanho, capa, contracapa, relação da mancha textual com a ilustração, contraste letra/fundo, tamanho da letra, qualidade e textura do papel, técnica e cores empregadas, bem como a adequação e dosagem de informações complementares ao texto literário para contextualização da obra, funcionalidade de sumários, glossários e dados biobibliográficos dos autores e ilustradores.

Na avaliação da qualidade da elaboração gráfica procurou-se perguntar se, na adoção de uma técnica gráfica específica, os recursos utilizados contribuíram para a expansão da leitura do texto verbal, ou seja, se as opções técnicas atribuíram maior ou menor sentido às imagens, contribuindo para a formação estética do leitor. Dessa forma, a qualidade técnica do projeto gráfico foi analisada em relação ao investimento na proposta, sua inovação, o diálogo que estabelece com o texto literário e as ilustrações, a possibilidade de ampliação dos sentidos a serem construídos na leitura literária e o valor que acrescenta à obra literária.

Considerações finais

O processo de seleção das obras literárias para o acervo do PNBE-2005 foi uma experiência que permitiu uma reflexão para a constituição e renovação de acervo literário de qualidade destinado às crianças das séries inicias do ensino fundamental.

O primeiro passo para se pensar a qualidade do livro infantil é analisar forma e conteúdo simultaneamente, ou seja, a relação entre o projeto gráfico como um todo, incluindo ilustração, tamanho de letra, cores, diagramação etc. e o texto. No livro de imagens deve haver um texto subjacente que possibilite à criança fazer suas leituras. Não basta que o livro destinado ao público infantil seja bonito, resistente, colorido e atraente; é preciso também ter um texto em que a construção da linguagem literária permita uma experiência estética, em que o tema, tratado de forma polifônica, seja interessante e traga o novo e o surpreendente.

Por outro lado, toda obra contém uma concepção de infância e de linguagem que determina as relações entre forma e conteúdo e o livro, enquanto portador de um texto e/ou de ilustrações, comporta grande variedade de gêneros de discurso. Como afirma Bakhtin (1992):

> A riqueza e a variedade dos gêneros do discurso são infinitas, pois a variedade virtual da atividade humana é inesgotável, e

cada esfera dessa atividade comporta um repertório de gêneros do discurso que vai diferenciando-se e ampliando-se à medida que a própria esfera se desenvolve e fica mais complexa (p. 279).

Portanto, se os gêneros do discurso são tão variados quanto as atividades humanas, não é possível pensar a qualidade do livro infantil sem observar o seu discurso. Os discursos se estruturam segundo uma finalidade, uma intenção, um lugar, uma atividade ou práticas sociais. É um adulto quem escreve para a criança e, deste lugar de fala, vai estruturar o seu discurso de acordo com a sua concepção de infância e, se estiver escrevendo um texto literário, estará se situando em coerência com a sua visão de linguagem e de literatura. Para avaliar ou selecionar os livros infantis, cabe, então, distinguir o livro infantil, num sentido amplo, dos diferentes tipos de texto e do livro de literatura infantil.

Uma seleção que vise à qualidade supõe algumas indagações como: que voz está se dirigindo à criança? Como se dirige? Que assuntos e temas são abordados? Como são e com que objetivos? Como o texto está estruturado? Como texto, ilustração e projeto gráfico se complementam e ampliam as possibilidades de leitura? Que livros e histórias podem nutrir a criança pela vida afora? Quais os que se reduzem a meros produtos de consumo imediato?

A dimensão da leitura como experiência está justamente na possibilidade de ir além do momento em que se realiza, podendo desempenhar importante papel na formação. A literatura, ao resgatar a experiência, ao trazer a história, ao apontar para o diferente e para a possibilidade de sua aceitação, ao revelar as desigualdades e injustiças, ao deixar aflorar os sentimentos e ao tratar a linguagem enquanto arte, traz as dimensões ética e estética da linguagem. Segundo Kramer (2000, p. 31), "trabalhar com linguagem, leitura e escrita, pode ensinar a utopia. Pode favorecer a ação numa perspectiva humanizadora, que convida à reflexão, a pensar sobre o sentido da vida individual e coletiva". Portanto, existe um papel de humanização e de formação pela literatura que se inicia desde as primeiras histórias ouvidas, abrindo-se assim um espaço de luta contra a barbárie.

O direito à literatura, para toda escola básica, tem sido defendido pelos educadores que compreendem o letramento como um processo amplo, que se inicia desde a primeira infância. Mas um projeto educativo que se articule em torno de uma proposta ético-política de educar com a literatura, como enfatiza Oswald (1997), "significa convidar a escola, em libertando-se de sua predileção por desenraizar a literatura do seio da cultura, inserindo-a numa abordagem educacional colonizadora, abrir espaços para que a leitura possa ser reescrita como prática da liberdade." A literatura, livre de um utilitarismo imediato, abre-se a múltiplas interpretações e permite o encontro de si mesmo e do outro, instaurando a linguagem na sua dimensão expressiva e a narrativa como tempo de comunidade de ouvintes.

Referências

BAKHTIN, Mikail (Volochinov). *Marxismo e Filosofia da Linguagem*. São Paulo: Hucitec, 1992.

BAKHTIN, Mikhail. *Estética da criação verbal*. São Paulo: Martins Fontes, 1992a.

BATISTA, Antônio Augusto Gomes. Os professores são "não-leitores"? In: MARINHO, M. SILVA, C. (Org.) *Leitura do Professor*. São Paulo: Mercado das Letras, 1998. p. 23-60.

BOURDIEU, Pierre. Introdução a uma sociologia reflexiva. In: BOURDIEU. *O poder simbólico*. Rio de Janeiro, Bertrand Brasil S. A., 1989.

BRITO, Luiz Percival. Leitor interditado. In MARINHO, M; SILVA, C. (Orgs.) *Leitura do professor*. São Paulo: Mercado das Letras, 1998, p. 61-78.

BRITO, Luiz Percival. A criança não é tola. In: PAULINO, Graça *et al.* (Org). *O jogo do livro infantil.* Belo Horizonte: Dimensão, 1997. p. 11-116.

CHARTIER, Roger. *A História Cultural entre práticas e representações. Memória e sociedade.* Lisboa: Difel, 1990.

EAGLETON, Terry. *Teoria da Literatura: uma introdução.* São Paulo: Martins Fontes, 2003.

OSWALD, Maria Luiza. *Aprender com a literatura: uma leitura benjaminiana de Lima Barreto.* Tese de Doutorado em Educação. PUC-Rio. Rio de Janeiro: 1997.

KRAMER, Sonia. Infância, cultura e Educação. In: *No fim do século: a diversidade o jogo do livro infantil e juvenil.* Belo Horizonte: Autêntica, 2000, p.9-36.

PAULINO, Graça. *Letramento literário: cânones estéticos e cânones escolares.* 22ª Reunião ANPEd: Caxambu, setembro de 1999. In: CD-Rom.

PAULINO, Graça. Diversidade de narrativas. In: PAIVA, Aparecida et al. *No fim do século: a diversidade o jogo do livro infantil e juvenil.* Belo Horizonte: Autêntica, 2000. p.39-48.

SOARES, Magda B. Escolarização da literatura infantil e juvenil. In: *A escolarização da leitura literária: o jogo do livro infantil e juvenil.* Belo Horizonte: Autêntica, 1999.

UNESCO. *O perfil dos professores: o que fazem, o que pensam e o que almejam.* São Paulo: Moderna, 2004

ZILBERMAN, Regina. Leitura literária e outras leituras. In: BATISTA, Antônio Augusto; GALVÃO, Ana. *Leitura: práticas, impressos e letramentos.* Belo Horizonte: Autêntica, 1999. p. 71-88.

Capítulo 6

QUEM CONTA UM CONTO AUMENTA UM PONTO? ADAPTAÇÕES E LITERATURA PARA JOVENS LEITORES

Andréa Antolini Grijó

Uma professora de Literatura Portuguesa, certa vez, me relatou um episódio muito curioso. Seus alunos do curso de Letras tinham muita dificuldade de ler *Os Lusíadas*, de Camões, mesmo que somente alguns trechos recomendados por ela. Sugeriram à professora que substituísse a leitura do texto por uma adaptação realizada por Rubem Braga e Edson Braga e publicada pela Editora Scipione, dirigida, segundo o catálogo de divulgação da editora, aos alunos de 5ª. e 6ª. séries, ou seja, leitores que têm entre 11 e 12 anos.

Surpresa com o relato da professora, que por sinal não aceitou a proposta dos alunos, comecei a me perguntar quais são os mecanismos dos processos de adaptação de obras da literatura para os jovens leitores de nossa sociedade.

A sabedoria popular afirma que *quem conta um conto aumenta um ponto,* e a tarefa deste breve estudo é buscar algumas pistas que nos permitam compreender como esse ponto é aumentado, ou seja, que características configuram certos textos que são transformados em "adequados" aos jovens leitores, que estratégias de adaptação sustentam essas obras, (re)contadas a partir de um texto integral e que têm se tornado uma fatia do mercado editorial brasileiro voltado para crianças e jovens. No entanto, sem alinhar-se com as idéias de que as adaptações são a salvação para que os leitores tenham acesso aos clássicos da literatura universal, nem muito menos com as idéias de que as adaptações empobrecem os processos de formação de leitores.

As adaptações e a formação de leitores

Em seu livro *Literatura: leitores & leitura*, Marisa Lajolo afirma que "não há mágica capaz de transformar em leitores quem, por qualquer razão, não pode ou não está a fim".[1] Transformar alunos em leitores tem sido uma tarefa histórica das escolas e, para sua realização, são discutidas as inúmeras maneiras de se construir processos de mediação que possam tornar os alunos "a fim de ler", e mais ainda, que os formem sujeitos, que antes de tudo reconheçam na literatura um patrimônio cultural da humanidade, à qual deve ser dado acesso por direito, e, principalmente, que esses sujeitos possam vivenciar a experiência estética que sua leitura possibilita e proporciona.

A compreensão da relevância do letramento literário reside em reconhecermos que é por meio da arte, e nesse caso específico, por meio da literatura – sem desconsiderar outros discursos como o filosófico, por exemplo – que podem ser realizados inúmeros questionamentos que levam os indivíduos à reflexão acerca de sua condição. Ao ser conduzido, pela experiência estética, ao lugar do outro, a outro lugar, a diferentes formas de ver, conceber e organizar o mundo que não as suas, o sujeito leitor tem a possibilidade de desnaturalizar as relações do contexto social imediato, do qual faz parte, de construir um olhar sobre a tradição, o que, conseqüentemente possibilita tomadas de posição em favor da construção de novas e melhores relações sociais.

---

[1] LAJOLO, Marisa. *Literatura: leitores & leitura*. São Paulo: Moderna, 2001. p. 14.

O letramento literário tem uma relevante contribuição na constituição dos leitores de mundo, já que, "ao entrar em contato com novas realidades, o leitor adquire novas experiências, podendo refletir sobre sua práxis de vida, perceber sua própria realidade de outra maneira"[2], ou como nos adverte Bloom: "Uma das funções da literatura é nos preparar para uma transformação..."[3]

Além da escola, existem outras redes de mediação social de formação de leitores, nas quais encontramos diversos mecanismos que influenciam as escolhas e os modos de ler dos indivíduos: a mídia, em especial a televisão e suas livres adaptações; as adaptações de obras literárias para o cinema; as listas dos mais vendidos, veiculadas por jornais e revistas; a sedução das propagandas indiretas divulgadas nos programas de entrevista, entre outros canais que levam à formação do gosto médio dos leitores.

Tomemos como exemplo o caso do volume único do livro de C. S. Lewis, *As crônicas de Nárnia*, que passou a figurar entre os mais vendidos do Brasil na lista publicada semanalmente pela *Revista Veja*, da Editora Abril, justamente na mesma semana do lançamento do filme de Andrew Admson – *Crônicas de Nárnia: O Leão, a Feiticeira e o Guarda-Roupa* (*The Chronicles of Narnia: The Lion, the Witch and the Wardrobe*), em dezembro de 2005, e continuou nessa listagem por pelo menos mais quinze semanas.

Mesmo reconhecendo a relevância dessas redes, a escola ocupa um lugar de destaque entre elas, uma vez que se constitui como a agência privilegiada de formação de leitores – a escola é o lugar para o qual a sociedade dirige a função de ensinar a ler e a escrever – bem como se constitui como a agência de acesso aos saberes construídos pela humanidade.

---

[2] PAULINO, G.; PASSOS, M. Ler e entender: entre a alfabetização e o letramento. *Revista Estudos*. Belo Horizonte, n. 2, set. 2004. p. 17.

[3] BLOOM, Harold. *Como e por que ler*. São Paulo: Objetiva, 2002. p. 17

Além disso, a escola recebe da sociedade, via ação de Estado e Políticas Públicas, reguladas em leis, decretos e resoluções, a tarefa de formar leitores; como exemplos dessas políticas, pode-se citar o Programa Nacional Biblioteca da Escola, do Ministério da Educação, bem como o texto dos Parâmetros Curriculares Nacionais, que preconiza como deve – ou como não deve – ser tratado o texto literário no espaço escolar:

> O tratamento do texto literário oral ou escrito envolve o exercício de reconhecimento de singularidades e propriedades que matizam um tipo particular de uso da linguagem. É possível afastar uma série de equívocos que costumam estar presentes na escola em relação aos textos literários, ou seja, tomá-los como pretexto para o tratamento de questões outras (valores morais, tópicos gramaticais) que não aquelas que contribuem para a formação de leitores capazes de reconhecer as sutilezas, as particularidades, os sentidos, a extensão e a profundidade das construções literárias.[4]

As mediações, elaboradas pela escola, envolvem um conjunto de procedimentos que tratam desde a seleção do que pode e deve ser lido e até mesmo, referendando certos modos de ler.

Entre os gêneros que têm ganhado espaço no território escolar, destaco, como objeto central deste texto, as adaptações de obras literárias para jovens leitores: um dispositivo didático/mercadológico que se configura numa forma de difundir a literatura na escola, e de "iniciar"os alunos e que tem apelos que parecem difíceis de resistir: faz circular os cânones, tão caros à academia, cria um novo e enorme mercado para os livros paradidáticos e ainda fornece à sociedade, nesse caso representada pelos pais e professores, a sensação de formação de uma geração de intelectuais que não apenas lêem livros, mas lêem Camões, Shakespeare, Cervantes, entre outros.

---

[4] MEC/ SEF. *Parâmetros Curriculares Nacionais*. Brasília: 1997. p. 27.

Um dispositivo nem tão novo assim...

As adaptações são compreendidas aqui como obras que resultam de um diálogo direto com outras obras. Nesse caso, a idéia de diálogo é compreendida de modo muito particular, pois, ao contrário dos diálogos que travam as obras artísticas e seus autores – entre si e com o mundo – e cuja valoração reside no próprio diálogo, no processo de adaptação, o valor está no texto original, tanto que, na maior das vezes, é o nome do autor desse original que aparece na capa – e o do adaptador em segundo plano, quando não é omitido.

Vejamos três exemplos de diferentes editoras: na capa de *David Cooperfield*, publicado em 1997 pela Editora Dimensão, aparecem as seguintes indicações: *Clássicos de Charles Dickens*, no topo, o nome do ilustrador no canto esquerdo e há somente na contracapa a informação de que "Anne de Graaf conta a história usando linguagem moderna, para que o texto antigo seja compreendido pelos leitores de hoje"; em *O engenhoso fidalgo Dom Quixote de La Mancha,* publicado pela Martins Fontes, indica-se Miguel de Cervantes Saavedra, no topo da capa como autor, e Frederico Jeanmaire e Angeles Durini como adaptadores, no canto direito da capa, nomes escritos em tamanho de fonte três vezes menor que o nome do autor; e ainda no exemplar da *Série Reencontro* (Editora Scipione); a capa do clássico adaptado *Ela* apresenta Rider Haggard como autor e mais abaixo Werner Zots como tradutor e adaptador.

A pretensão da adaptação é possibilitar a leitura de uma obra por um público que não se constitui como o previsto pelo autor do texto original, seja por questões relacionadas ao tempo e aos espaços culturais, seja por questões ligadas à linguagem, enfim, por questões que se referem ao parâmetro discursivo dos leitores.

Parâmetro discursivo porque uma obra literária é um objeto discursivo, fundado em determinadas condições de produção. Entre essas condições, estão: a intencionalidade do autor, seu conhecimento de mundo e de língua, as previsões de circulação da obra, o contexto sócio-histórico de produção, a imagem que o autor faz de seus leitores, entre outras. Como toda produção discursiva, a obra literária está marcada ideologicamente, sem perder de vista que se dirige a outros e constitui-se um gênero discursivo específico, dado que circula em certas esferas da comunicação humana.

Pois bem, quando um determinado adaptador interage com uma obra e a reescreve com objetivos de adaptá-la, ele trava um diálogo com o texto original. No entanto, circunscreve-a em outro contexto, a partir de outras condições de produção e a partir do seu próprio contexto de produção de leitura, já que ele também é um leitor, que nesse caso se converte num escritor (da obra adaptada). Assim, mesmo que recontando uma história, temos uma nova obra.

Para que tal objetivo seja alcançado, as adaptações são organizadas por meio de um conjunto de estratégias discursivas que indicam certo padrão de tradução, ou seja, modelos de construção dessa nova obra. Não se trata, nesse caso, de traduções entre línguas ou traduções intersemióticas, o que configura esse processo é o redirecionamento de uma obra para outro público – nesse caso jovens leitores –, partindo-se do princípio de que esse novo público, por motivos dos mais diversos, não tem o perfil daquele previsto pelo autor da obra original.

Adaptar clássicos da literatura é uma atividade recorrente em vários países e é também muito antiga. Em *Leituras e Leitores na França do Antigo Regime* (2004), Roger Chartier destaca a criação da *Biblioteca Azul* pelos Oudot em Troyes, no século XVII, cujo objetivo principal era fazer circular, no reino, livros baratos e em que as intervenções editoriais eram variadas, entre tantas a "[...] estratégia de redução e simplificação. Na sua maioria, com efeito, as edições troyenses encurtam o texto que reproduzem, e isso de duas maneiras. A primeira consiste em desbastar o livro, abreviar certo episódio, operar cortes por vezes severos"[5] em função dos leitores que se visava para ampla circulação popular.

No século XIX, os irmãos Charles e Mary Lamb adaptaram vinte peças de Shakespeare, entre essas *A tempestade* (1611) e *Romeu e Julieta* (1595-96), em *Lamb's Tales from Shakespeare* (1807) para que as crianças inglesas conhecessem a obra desse autor, e o fizeram transformando as peças em narrativas, fato que será comentado posteriormente. O respeito e a notoriedade do trabalho dos irmãos Lamb podem ser verificados ainda hoje pela permanência do interesse editorial em publicar suas adaptações, havendo até mesmo recente edição brasileira de obras desses autores.

E não podemos nos esquecer de Thomas Bowdler (1754-1825), que expurgou da obra de Shakespeare tudo o que era considerado inadequado ao período vitoriano e criou o *Family Shakespeare* (1818), "permitindo" sua leitura aos inúmeros ingleses "de família" que não podiam "ser expostos a tanta devassidão". Sua ação tornou-se tão conhecida que até em dicionários brasileiros é possível encontrar o verbete *bowdlerizar*, verbo que significa censurar, expurgar (palavras ou frases), geralmente de conteúdo erótico, de um texto ou de uma obra[6].

Como se vê, as adaptações, sem perder seu caráter de se dirigirem a possíveis novos interlocutores, servem a muitos propósitos! Mas voltemos aos jovens leitores.

---

[5] CHARTIER, R. *Leituras e leitores na França do antigo regime*. São Paulo: Editora da Unesp, 2004. p. 272.

[6] *Dicionário Houaiss da Língua Portuguesa*. Rio de Janeiro: Objetiva, 2001. p. 500

No Brasil, a prática da adaptação também é antiga. Por exemplo, podemos nos remeter a *Dom Quixote das Crianças*, de Monteiro Lobato, publicado em 1936. Esse é um tipo de adaptação singular, uma vez que se diferencia dos exemplos apresentados até agora pela sua intencionalidade, por seu modo de construção. Monteiro Lobato deixa claro que pretende apresentar as aventuras do Cavaleiro da Triste Figura pelas mãos e pela voz de outra personagem – Dona Benta, a avó de inúmeras gerações de brasileiros: "Em vez de ler vou contar a história com palavras minhas", e não reescrever o livro. Para isso, leva Quixote para o Sítio do Picapau Amarelo e constrói não somente um profícuo diálogo com Narizinho, Pedrinho e Emília, mas também com seus pequenos leitores, brasileiros, a quem é dada a oportunidade de conhecer essa importante figura que é Quixote. Valendo-se da mesma estratégia de uma narradora que se volta aos jovens leitores, Lobato retoma também outras histórias clássicas como: *Peter Pan*, *As Aventuras de Hans Staden* e as narrativas da Mitologia Grega. Mesmo se tratando de um modo particular de adaptar textos, esse processo evidencia um conjunto de estratégias que colaboram para a compreensão de outras adaptações. Mas é nas últimas décadas que esse tipo de produto cultural tem recebido mais atenção e tratamento cuidadoso em função do mercado editorial que se formou em torno da escola, a quem cabe a tarefa fundamental de formar bons leitores, inclusive de clássicos:

> a escola deve fazer com que você conheça bem ou mal um certo número de clássicos dentre os quais você poderá depois reconhecer os *seus* clássicos. A escola é obrigada a dar-lhe instrumentos para efetuar uma opção: mas as escolhas que contam são aquelas que ocorrem fora e depois da escola. [7]

---

[7] CALVINO, Ítalo. *Por que ler os clássicos*. São Paulo: Companhia das Letras, 1993. p.13.

Podemos observar, em inúmeros catálogos de grandes editoras, coleções inteiras de adaptações, dedicadas aos jovens leitores, como: *Tesouro dos Clássicos* (Ática) e a histórica *Série Reencontro* da Editora Scipione, que já ganhou ramificações em *Reencontro Infantil* (destinada à infância) e que já conta com mais de 30 títulos, além de alguns de outras editoras: Companhia das Letras, Editora Dimensão, Companhia Editora Nacional, Difusão Cultural, Global, Ediouro, Melhoramentos, Martins Fontes, FTD, por exemplo.

Para dimensionarmos o tamanho desse fenômeno editorial, em 2005, por causa do aniversário de quatrocentos anos de *Dom Quixote*, houve uma proliferação de lançamentos e relançamentos de adaptações. Em uma busca rápida num grande sítio de vendas via internet, são encontradas vinte diferentes adaptações dessa obra para leitores iniciantes.

Sem esquecer dos vários títulos indicados para o Programa Literatura em Minha Casa: *As aventuras de Pinóquio* – de Carlo Coloddi, adaptado por Fernando Nuno, *As aventuras de Alice no País das Maravilhas*, de Lewis Carrol, adaptado por Tony Ross, *O mágico de Oz*, de Frank Braum, adaptado por Celso Amorim, são alguns deles.

O que se observa, ao analisar as adaptações

São muitos os mecanismos envolvidos nos processos de adaptação: supressão de trechos, sínteses, alterações sintáticas e morfológicas, explicitação de contextos, todos compreendidos aqui como resultado de escolhas do adaptador para interagir com os leitores, nesse caso, jovens leitores. Esses mecanismos devem se tornar objeto de reflexão especialmente pelos professores, mediadores privilegiados das práticas de leitura no espaço escolar.

As adaptações – apesar de não se constituírem, como pensam alguns, num resumo da obra – comprometem-se especialmente com os fatos narrados. A maior preocupação dos adaptadores tem sido com o recontar os fatos de uma história, um após o outro, numa seqüência linear.

Os adaptadores preocupam-se mais com *o que* está escrito, em detrimento do *como*. Dado que afeta de modo particular o discurso literário, já que os clássicos se constituem obras de referência especialmente por sua "construção, que abrange qualidades do trabalho de linguagem, do modo de contar"[8]. A articulação entre o que se conta e como se conta é que funda no literário sua magnitude.

Assim, é preciso reconhecer a limitação da apreciação estética que a leitura de uma obra adaptada possibilita. Aprecia-se outro texto, que, apesar de ter o original como referência não o é.

Bom exemplo é a adaptação de Rubem Braga e Edson Braga de *Os Lusíadas*, de Camões, que se resume a um conjunto de episódios, uma aventura que podia ter sido realizada por qualquer personagem, desprovido do caráter político e histórico que o discurso camoniano tanto preza. Além disso, todo o trabalho de construção poética em versos, métrica, rimas, toda essa dimensão da obra é completamente apagada, já que o texto adaptado é uma narrativa em prosa.

A conversão de poemas e peças teatrais em narrativas está entre as estratégias discursivas mais recorrentes nas adaptações. E nesse processo de transformação o narrador exerce um papel relevante nas histórias, aquele a quem compete a tarefa de travar o diálogo explícito com o leitor, muitas vezes explicando fatos, como Dona Benta em *Dom Quixote das crianças,* quando explica o que são os cavaleiros andantes e os objetivos de Cervantes:

---

[8] PAULINO, Graça. Formação de leitores: a questão dos cânones literários. In: *Revista Portuguesa de Educação*. Universidade do Minho, 2004. p. 50.

Cervantes escreveu esse livro para fazer troça da cavalaria andante, querendo demonstrar que tais cavaleiros não passavam duns loucos. Mas, como Cervantes fosse um homem de gênio, sua obra saiu um maravilhoso estudo da natureza humana, ficando por isso imortal. [9]

Muitas vezes retomando o percurso da narratividade, de modo linear que se presta a fornecer certa tranqüilidade de que o leitor compreenderá a história, como em *A megera domada*, de Shakespeare, adaptada pelos Irmãos Lamb:

> E para a surpresa de todos os presentes, a megera reformada falou tão eloqüentemente em louvor dos deveres de obediência da esposa que parecia ter aprendido tudo aquilo em sua rápida submissão à vontade de Petrúcio. E Catarina mais uma vez se tornou famosa em Pádua, não como antes, Catarina, a Megera, mas como Catarina, a mais respeitosa esposa de toda Pádua.[10]

Na construção dos textos, é possível observar ainda a supressão de trechos que são considerados dispensáveis em função do projeto de sintetizar e diminuir a sua extensão, já que, em todas as adaptações, os textos se tornam mais curtos. *As aventuras de Pinóquio*, de Carlo Collodi, por exemplo, editado pela Companhia das Letras, com tradução de Marina Colasanti, tem 191 páginas, enquanto a adaptação de Fernando Nuno, a partir desse texto, da mesma editora para o *Programa Literatura em Minha Casa* do Ministério da Educação, tem 63 páginas.

Essa supressão dá-se tanto no nível dos acontecimentos da história, processo pelo qual o adaptador define que fatos podem ou devem ser lidos e que, segundo esse, não comprometem a contação da história, como as inúmeras

---

[9] LOBATO, Monteiro. *Obra completa*. São Paulo: Brasiliense, s.d. p. 899.
[10] LAMB, C.; LAMB. M. *Histórias de Shakespeare*. São Paulo: Scipione, 2003. p. 52.

páginas de diário que deixam aparecer, na adaptação de Laura Bacellar para *Drácula*, de Bram Stoker, da Editora Scipione, incluindo nesse processo o desaparecimento de personagens.

Além disso, para redução da extensão do texto, sua construção é alterada, especialmente pela supressão de trechos descritivos, expressões indicativas de modo e elementos caracterizadores. Comparemos a título de exemplo o início do já citado *As aventuras de Pinóquio: história de uma marionete*, de Carlo Collodi, publicado originalmente em 1881. No texto integral temos:

> Era uma vez um pedaço de madeira. Não era madeira de luxo, mas uma simples acha, daquelas que no inverno se pòem nas estufas ou nas lareiras para acender o fogo e aquecer a casa. Não sei como aconteceu, mas o fato é que um belo dia esse pedaço de madeira foi parar na oficina de um velho marceneiro...[11]

Enquanto na adaptação:

> Era uma vez um pedaço de madeira. Um belo dia, esse pedaço de madeira foi parar na oficina de um velho marceneiro...[12]

Nas adaptações de *Dom Quixote*, enumera-se um conjunto de aventuras e dispensa-se qualquer evento cuja centralidade seja a reflexão metalingüística que Miguel de Cervantes provoca por meio de sua obra.

Na organização dos textos, é possível observar ainda que o adaptador estabelece como uma de suas maiores preocupações a escolha vocabular, como se verifica na obra de Lobato, pela voz da personagem Dona Benta, que, ao recontar *Dom Quixote*, se preocupa em fazer as devidas ressalvas:

---

[11] COLLODI, Carlo. *As aventuras de Pinóquio*. São Paulo: Companhia das Letras, 2004. p. 7.

[12] COLLODI, Carlo. *As aventuras de Pinóquio*. (Adaptação de Fernando Nuno) São Paulo: Companhia das Letras, 2004. p. 5.

Esta obra está escrita em alto estilo, rico de todas as perfeições e sutilezas de forma, razão pela qual se tornou clássica. Mas como vocês ainda não têm a necessária cultura para compreender as belezas da forma literária, em vez de ler, vou contar a história com palavras minhas.[13]

Parece residir nas condições de produção do texto original as principais motivações e justificativas, não somente para a publicação, como também para a indicação pelas escolas das obras adaptadas, uma vez que a temporalidade das obras, marcada especialmente pela linguagem, costuma ser considerada o maior empecilho para a interação com uma geração que se vale de outra sintaxe discursiva.

Assim como Lobato, outros adaptadores realizam essas alterações: Edson Braga, adaptando *Os Lusíadas* de Camões, para a série *Reecontro Infantil,* transforma *argonautas* em *navegantes, vociferava* em *gritava* e *concílio* em *reunião.*

Nossa atenção sobre essas questões deve ser redobrada em função do seguinte aspecto: as escolhas das palavras são valorativas. O falante/escritor atribui certos valores às palavras na organização discursiva. Assim, acreditarmos no processo de sinonimização sem qualquer dano ao processo de enunciação é no mínimo ingenuidade.

E ainda, ao realizar tais alterações, há uma concepção de interlocutor previsto, no caso crianças e jovens, que acaba por ter sua *inteligência* diminuída. Enfim, crianças não podem ser convidadas a penetrar no reino das palavras? A explicitação é pré-requisito para fruição estética? Afinal, o que pretende o adaptador ao fazer essas alterações?

Pode-se perceber que a concepção de infância ou juventude e leitores coincide com a visão da boneca Emília: "... queremos um estilo clara de ovo, bem transparentinho, que não dê trabalho para ser entendido."[14]

---

[13] LOBATO, Monteiro. *Obra completa.* São Paulo: Brasiliense, s.d. p. 898.

[14] LOBATO, Monteiro. *Dom Quixote das crianças.* In: Obra completa. São Paulo: Brasiliense, s.d. p. 898.

Esses são apenas alguns aspectos aos quais precisamos estar atentos quando optamos – seja para nós mesmos, seja para nossos alunos – pela leitura de um texto adaptado.

Conclusão

A escritora brasileira Ana Maria Machado reafirma como adaptadora, em seu livro: *Por que ler os clássicos universais desde cedo*, sua convicção de que "o primeiro contato com um clássico, na infância e adolescência, não precisa ser com o original. O ideal mesmo é uma adaptação bem feita e atraente"[15], ao contrário de muitos teóricos que tendem a repeli-las.

É claro que, no processo da adaptação, como nos casos dos processos de criação, encontraremos obras que nos convocam menos ou mais ao exercício da fruição, menos ou mais à interação. Assim, temos adaptadores que estabelecem um profícuo diálogo com o texto original porque não pretendem substituí-lo, mas provocam-nos ao encontro posterior com a obra original.

Ao optar pela leitura de uma adaptação, o leitor deve estar consciente da condição dessa obra, como explicita Lobato em *Dom Quixote das crianças*, inclusive para ler a obra original quando quiser.

O que não podemos é compreender a adaptação como um substitutivo que facilita o exercício da leitura, já que *o ponto aumentado ou diminuído*, nessa história, faz diferença.

Assim, no caso das leituras de adaptações de clássicos por crianças e jovens, podemos entendê-las como uma oportunidade de aproximá-los, e não mais do que isso, de uma literatura, por meio de um discurso que se dirige a eles. Trata-se de uma oportunidade de fazer dialogar a literatura, com a cultura que nos constitui e com os modos como

---

[15] MACHADO, Ana Maria. *Por que ler os clássicos universais desde cedo*. Rio de Janeiro: Objetiva, 2002. p. 15.

os homens compreendem e representam o mundo, mas que se desenha sob outro contexto de produção, e por isso não são os clássicos da literatura, não são os "... livros que exercem uma influência particular quando se impõem como inesquecíveis e também quando se ocultam nas dobras da memória, mimetizando-se como inconsciente coletivo ou individual", como define Calvino, são outros cujos leitores e cujas leituras ainda demandam mais análises.

Referências

BACELLAR, Laura. *Drácula /Bram Stoker*. São Paulo: Scipione, 2003.

BLOOM, Harold. *Como e por que ler*. São Paulo: Objetiva, 2002.

CALVINO, Italo *Por que ler os clássicos*. São Paulo: Cia. das Letras, 1993.

CHARTIER, R. *Leituras e leitores na França do antigo regime*. São Paulo: Editora da Unesp, 2004.

Dicionário Houaiss da Língua Portuguesa. Rio de Janeiro: Objetiva, 2001.

GRAAF, Anne de. David *Cooperfield/Charles Dickens*. Belo Horizonte: Dimensão, 1997.

JEANMAIRE, Frederico. *O engenhoso fidalgo Dom Quixote de La Mancha/Miguel de Cervantes Saavedra*. São Paulo: Martins Fontes, 2005.

LAJOLO, Marisa. *Literatura: leitores & leitura*. São Paulo: Moderna, 2001.

LAMB, C.; LAMB. M. *Histórias de Shakespeare*. São Paulo: Scipione, 2003.

LOBATO, Monteiro. Dom Quixote das crianças. In: *Obra completa*. São Paulo: Brasiliense, s.d. p. 895-976.

MACHADO, Ana.Maria *Por que ler os clássicos universais desde cedo*. Rio de Janeiro: Objetiva, 2002.

MEC/ SEF. *Parâmetros Curriculares Nacionais* – Língua Portuguesa. Brasília: 1997.

PAULINO, Graça. Formação de leitores: a questão dos cânones literários. In: *Revista Portuguesa de Educação*. Universidade do Minho, 2004. p. 47-62.

PAULINO, G.; PASSOS, M. Ler e entender: entre a alfabetização e o letramento. *Revista Estudos*. Belo Horizonte, n.2, set. 2004.

ZOTS, Werner. *Ela / Rider Haggard*. São Paulo: Scipione, 1987.

PARTE II

SABERES LITERÁRIOS E OUTRAS INSTÂNCIAS SOCIOCULTURAIS DE FORMAÇÃO DE LEITORES

Capítulo 7

A CRIANÇA E A LINGUAGEM: ENTRE PALAVRAS E COISAS

Maria Cristina Soares de Gouvea

> *Essa bruma insensata em que se agitam sombras, como eu poderia clareá-la.*
> Raymond Queneau

Infantia: fragmentos da "alteridade"

Infante, na sua raiz etimológica, significa: "Aquele que não sabe falar". Ao mesmo tempo, bárbaros, etimologicamente, são aqueles que emitem sons não humanos.

Duas questões daí emergem: a alteridade e a linguagem como signo da diferença. São os outros, os ditos selvagens e as crianças que nos remetem à alteridade e à diferença, tendo a fala como sinal distintivo. A sua suposta ausência, ou desarticulação, sinal da cultura, daquilo que nos define como humanos.

A humanidade se constitui na e pela linguagem. Ao longo da história da espécie, ao produzir e partilhar signos, os homens ultrapassaram o domínio da natureza e fizeram-se produtores de cultura. Fez-se humanidade e o homem, animal simbólico.

Ao longo da história individual, ao tomar posse da linguagem, a criança faz-se produtora e produto da cultura, informando suas experiências e partilhando valores sociais por meio das múltiplas linguagens. Talvez o momento mais importante da história do indivíduo ocorra nesta passagem, ao tornar-se signo entre signos, transcendendo a natureza, ultrapassando o espaço imediato e o tempo presente. Como nos indica Souza:

> é na linguagem, e por meio dela que construímos a leitura da vida e da nossa própria história. Com a linguagem somos capazes de imprimir sentidos que, por serem provisórios, refletem a essencial transitoriedade da própria vida e da nossa existência histórica. (1994, p. 21)

Enquanto sujeito de cultura e na cultura, a criança apropria-se da linguagem a partir de seu lugar social, como sujeito definido pela condição infantil. Condição que socialmente faz dela o Outro, representado como marcado pela incapacidade da compreensão e uso da linguagem adulta.

O conceito de alteridade nos invade ao pensar a questão da infância e problematizar as categorias que historicamente construímos e utilizamos para compreender, investigar e atuar junto a esses sujeitos definidos pela condição infantil.

> Minha infância está atrás de mim, no entanto é o solo sobre o qual cresci, ela me pertenceu, seja qual for minha tenacidade em afirmar que não me pertence mais. O que foi sem dúvida para hoje não ser mais, mas o que foi, também para que eu seja ainda. (PEREC, 1999, p. 20)

Diferentemente dos povos ditos bárbaros, se a infância por um lado nos remete a um estranhamento, a uma relação com o mundo marcada pela diferença em relação ao adulto, por outro, ela constitui a gênese da vida adulta, como tão bem nos ensinou Freud. Ela nos habita e visita, através da memória, do remetimento a um passado que em nós ainda persiste e insiste. Assim é que entre o desconhecimento e a profunda identificação nos situamos em relação à infância, tentamos compreendê-la, significá-la e submetê-la à nossa lógica e racionalidade científica adulta. A alteridade da infância não é absoluta, este outro habita em nós, nos constitui e se pronuncia. Através da memória essa se faz presente, em ruínas formadas de imagens, fragmentos de palavras, cacos de um mundo que insiste em nos possuir e habitar em sua imaterialidade.

> A primeira coisa que guardei na memória foi um vaso de louça quebrada... Ignoro onde o vi, quando o vi, e se uma parte do acaso remoto não desaguasse noutro posterior, julgá-lo-ia um sonho. Talvez não me recorde bem do vaso: é possível que a imagem, brilhante e esguia, permaneça por eu ter comunicado a pessoas que a confirmaram. (RAMOS, 1993, p. 7)

Analisar a infância a partir do conceito de alteridade indica buscar apreender que marcas os sujeitos concretos, crianças, imprimem na cultura mais ampla, definindo uma lente própria – a cultura infantil, produzida no diálogo com a cultura adulta. Para Corsaro, as culturas das crianças são "um conjunto estável de atividades ou rotinas, artefatos, valores e idéias que as crianças produzem e partilham em interação com seus pares" (CORSARO; ELDER, 1990 *apud* SARMENTO, 2005, p. 373).

Por outro lado, cabe ter em vista que é no diálogo com as práticas materiais e simbólicas que definem a infância que a criança constrói formas de expressão e significação do mundo. Como destaca Sarmento (2005), o processo de produção da cultura infantil é tanto criativo quanto interpretativo, voltando-se para a construção de formas de inteligibilidade do mundo social.

Por outro, lançar mão do conceito de alteridade para compreender a criança tem em vista a superação de uma construção etapista, que toma o adulto como ápice dos processos de desenvolvimento, impondo à criança uma infantilização de sua experiência Nesse sentido, busca-se compreendê-la como sujeito social, com uma produção cultural diferenciada, embora não exclusiva, cujas marcas se fazem presentes também na produção cultural mais ampla, em que o infantil não é sinônimo do infantilizado.

Assim é que construir um saber sobre a infância significa superar uma perspectiva etapista e infantilizadora, tomando a infância como acontecimento, vivido por um sujeito social, a criança, produtor e produto da cultura, que na singularidade de sua experiência constrói a cultura infantil.

Lyotard vem afirmar que tomar a alteridade como categoria central no estudo da infância significa assumir que

> um discurso sobre a infância somente pode ser possível a partir da infância, operando um descentramento na linguagem, uma anamnese, uma perlaboração da própria escrita... um discurso a partir da infância é, em última análise, um discurso a partir da incerteza. (*apud* GIMENEZ; TRAVESSO, 1999, p. 267)

Por fim, analisar a alteridade da infância significa trabalhar com o conceito antropológico de cultura, entendendo-a não como um repertório de manifestações simbólicas, a serem inventariadas pelo pesquisador, mas como um sistema simbólico que ordena a constituição do sujeito. Nesta perspectiva, a cultura seria "não um complexo de comportamentos concretos mas um conjunto de mecanismos de controle, planos, receita, regras, instruções para governar o comportamento" (GEERTZ, 1978, p. 31). Se várias produções contemporâneas, ao tematizar a cultura infantil, tomam como objeto o estudo de suas manifestações, cabe analisar a estrutura simbólica que organiza as práticas da criança. Ou seja, é fundamental estar atento para como a criança significa o mundo, expressando-o nessas práticas.

E qual seria a singularidade da cultura infantil? Tematizemos alguns fragmentos que nos possibilitam refletir sobre a complexidade do acontecimento infância.

Cabe destacar que o uso do termo "fragmento" ressalta o projeto de destacar aspectos da cultura infantil, e não a compreensão da produção de um sistema interpretativo do mundo pelos sujeitos infantis. Sarmento (2004) denomina a investigação da cultura infantil, em sua estrutura como análise da "gramática da infância", entendendo-a como estudo dos princípios geradores e das regras das culturas da infância.

A linguagem dos sem fala

> Quando uso uma palavra" disse Humpty Dumpty - num tom zangado – "ela significa exatamente o que eu quero que ela signifique – nem mais nem menos." "A questão", disse Alice, "é se você pode fazer as palavras significarem tantas coisas diferentes." "A questão – disse Humpty Dumpty – é saber qual o significado mais importante - isto é tudo." Alice estava muito intrigada para dizer qualquer coisa. (CAROLL, 1975, p. 274 *apud* SOUZA, 1994, p. 102)

Definida pela ausência da fala, é na linguagem que a criança se faz sujeito. É por meio da linguagem que as experiências são subjetivadas, significadas e compartilhadas. A criança o faz com base em um sistema de signos cuja objetividade se impõe à experiência, ao mesmo tempo em que a modela. Na aprendizagem da linguagem, a criança introjeta a estabilidade, a fixidez e a rigidez dos signos. Só é possível traduzir e comunicar, bem como modelar sua experiência sensível, idiossincrática, fazendo uso de signos convencionais, arbitrários. Mas, para além de constituir expressão ou tradução da experiência individual, a linguagem dá forma a tal experiência, ela a inscreve e circunscreve no interior de um repertório cultural expresso nos signos lingüísticos. Assim é que, ao fazer uso desses signos, a criança, na interação cotidiana, constrói, introjeta e aprende categorias de organização do mundo, armazenadas historicamente pelo grupo social em que se situa. Nesse sentido, a linguagem constitui a expressão maior da cultura humana.

Nos estudos sobre a linguagem, esta surge, numa significativa vertente, compreendida como representação de algo ausente, um pensamento, uma imagem, da qual a palavra seria sua expressão sonora. Piaget enfatiza o caráter da linguagem de expressão da função simbólica, a semelhança da imitação diferida, do desenho e dos jogos simbólicos. Segundo o autor: "A linguagem oral do homem não é senão a principal e não única manifestação de uma função simbólica mais geral" (PIAGET; INHELDER, 1971, p. 41 *apud* LEITE, 1997, p. 214). De acordo com sua concepção, a função maior da linguagem seria sua possibilidade de representação, tanto no sentido de simbolizar objetos, como pensamentos.

Nessa visão racionalista, herdeira de uma leitura kantiana, o primado está nas idéias que tomam forma na linguagem. Para Granger (1976, p. 204 *apud* LEITE, 1997, p. 212), Piaget compreendia a linguagem como: "um comentário ou expressão quase transparente de um pensamento ou uma conduta". Nessa visão, quanto mais elaborado, sofisticado e lógico um pensamento, mais complexa será sua tradução lingüística. Toda uma pedagogia edificadora da racionalidade científica será também edificadora de uma linguagem que, mesmo reconhecendo a polissemia, busca ser capaz de articular um discurso lógico, que traduza os conceitos mais abstratos, transformando-os em palavras, com uma gramática capaz de acolher a sofisticação das idéias. O aprendizado da ciência é também o aprendizado de uma linguagem científica que opera com a verdade, objetivada nos signos.

Para além da função representativa, a linguagem toma significado de veículo, forma de comunicação e interação social, fator central pouco considerado na leitura piagetiana, o qual foi desenvolvido por Vygotsky. Sem dúvida, a linguagem exerce o papel de signo comunicativo, tendo sua origem no desenvolvimento social da criança, mais do que de suas capacidades cognitivas gerais (Riviére, 1995). É a descoberta de si mesma como ser social que conduz a criança a partilhar experiências fazendo uso da linguagem, e ao mesmo tempo construindo uma subjetividade informada pelos signos culturais por excelência: os signos lingüísticos.

Ultrapassando esse aprendizado que lhe permite integrar-se a seu universo cultural, a criança faz um uso diferenciado da linguagem convencional do adulto. Ela impõe a linguagem outros usos e significados, deslocando-a.

As narrativas e as poesias vêm demonstrando as possibilidades de outros discursos, fundados não numa racionalidade lógica, mas na sofisticação da palavra como signo entre signos, do texto como palco de construção de significados. Como afirma Barthes: "O texto é coleção de signos dados sem relação com idéias, linguagem ou estilos e que intenta definir, na densidade de todos os modelos de expressão possível, a solidão da linguagem ritual" (*apud* White, 1994, p. 288).

A metáfora toma forma aí como outra possibilidade de produção de discurso. Ela não exprime um pensamento ausente, uma idéia a ser recuperada por um exercício cognitivo, ela é em sua irredutibilidade expressão, necessariamente polissêmica, com um significado que se desloca.

Nesse campo, o discurso poético e o infantil se encontram, ao tomar a fala como espaço da polissemia, ao trabalhar o signo lingüístico na sua relação com outros signos, e não com um conceito ao qual seria remetido. A linguagem deixa de ser representação de " uma coisa", de uma idéia ausente, para ser ela mesma coisa, objeto lingüístico com a qual se brinca. No entanto, diferencialmente, as metáforas infantis expressam-se e tomam forma nas ações cotidianas, prototípicas, enquanto as metáforas poéticas buscam recorrer a associações novas, que liberam nossa percepção dos objetos (RIVIÉRE, 1995).

Brunner vem dizer de dois tipos de estruturas mentais organizadas em linguagens. De um lado, a linguagem científica voltada para a produção da verdade, mediante o uso do discurso argumentativo. De outro, o pensamento narrativo, comprometido não com a produção da verdade, mas da verossimilhança. Um busca a universalidade, o outro volta-se para a particularidade. No dizer de Brunner:

> o modo paradigmático ou lógico científico tenta preencher o ideal de um sistema formal e matemático de descrição e explicação. Ele emprega a categorização ou a conceitualização e as operações pelas quais as categorias são estabelecidas, instanciadas, idealizadas e relacionadas umas as outras para formar um sistema (1997, p. 14).

Já o modo narrativo " trata das ações e intenções humanas ou similares às humanas e das vicissitudes e das conseqüências que marcam seu curso. Ela se esforça para colocar seus milagres atemporais nas circunstâncias da experiência e localizar a experiência no tempo e no espaço" (*idem, ibidem*).

A linguagem infantil seria informada por uma estrutura narrativa, sendo que a criança teria dificuldade em operar com a linguagem científica. É interessante observar como em suas diferentes produções simbólicas, a criança as submete a uma narrativa, produzindo tempos e espaços, deslocando objetos numa relação com o real em que esse é alvo de deslocamentos metafóricos. Produz-se um jogo, em que a regra é o deslocamento, o " como se fosse", para além da realidade concreta e tangível do mundo cotidiano, na experimentação das possibilidades da narração. Descobrimos os múltiplos significados da experiência humana, construímos nossa subjetividade por intermédio do ouvir e contar histórias, na ação narrativa.

O brincar

> *Poesia para ser bela tem que ter*
> *a seriedade do brincar.*
>
> Manoel de Barros

Atividade infantil por excelência na cultura contemporânea, o brincar, no entanto, não constitui privilégio da infância, mas toma no adulto outra conformação. Brincar constitui uma das ações através das quais simbolizamos o enigma do ser humano, inserido num universo cultural. Nesse sentido, o brincar conforma uma linguagem simbólica presente tanto na criança como no adulto. No dizer de Schiller: "O homem não joga senão quando na plena acepção da palavra ele é homem, e não é totalmente homem senão quando joga" (*apud* DUFLO, 1999, p. 77).

Para Duflo (*idem, ibidem*, p. 78), na reflexão idealista romântica presente em Schiller,

> o jogo é a atividade no qual convergem o universal e o particular, o possível e o dado, o aleatório e o determinado, acaso e destino, contingência e objetivo, é e deveria ser, tempo e eternidade... no jogo a tirania de meios e fins é quebrada e a causalidade dá lugar à sincronicidade.

Tal reflexão sobre o sentido dos jogos na constituição humana trazendo para o campo filosófico um objeto tradicionalmente pouco considerado tem em vista superar uma visão do homem como sede da razão, apontando a importância do desenvolvimento das sensibilidades, fundamentos de uma formação estética.

Schiller, ao discutir o sentido do jogo, analisa-o como espaço de possibilidade de superação da oposição razão e sensibilidade. Por meio dos jogos, o homem transcenderia tal dicotomia. Schiller destaca a dimensão estética dos jogos (referindo-se aqui aos jogos adultos) que, no seu compromisso com a realização do belo, iriam além dos limites de uma racionalidade pragmática, ao mesmo tempo em que a uma experiência dos sentidos colada no concreto. Faz-se possível perceber nas brincadeiras infantis tal dimensão estética, em que os jogos buscam o equilíbrio, a perfeição, ritualizando a experiência humana.

No brincar, a criança se interroga sobre o mundo no qual ela se situa, estranha (estranhamento que é a condição primeira para compreensão e construção do conhecimento). Pela brincadeira, a criança desnaturaliza o mundo social, ao trabalhar sua estereotipia. A criança não reproduz em sua brincadeira o mundo tal como ela o vive, mas recria-o, explorando os limites de sua construção. Como linguagem, o brinquedo traz em si uma gramática própria que não constitui uma representação ou reprodução do real. A criança não pensa o mundo para expressá-lo na brincadeira, mas o significa através dela. Assim é que o brinquedo transcende o real, elabora as múltiplas possibilidades de sua construção.

Benjamin indica que o brincar não consiste num fazer "como se", ou seja, como se a criança, ao brincar, mimetizasse o real. Ao contrário, como linguagem simbólica, o brincar propicia a construção da experiência. No dizer do autor:

> antes de penetrarmos, pelo arrebatamento do amor, a existência e o ritmo freqüentemente hostil e não mais vulnerável de um ser estranho, é possível que já tenhamos vivenciado esta experiência desde muito cedo, através de ritmos primordiais que se manifestam nestes jogos com objetos inanimados nas formas mais simples. Ou melhor, é exatamente através destes ritmos que nos tornamos senhores de nós mesmos." (1928/1984, p. 74)

Nesse sentido, a idéia do brincar como reprodução do real reduz suas possibilidades de interpretação. O brincar constitui domínio da experiência humana irredutível a outros domínios. Ele constitui em si espaço de vivência do humano, e não sua interpretação. Ou seja, ele constitui uma arena de sentidos. Perec evoca a cena do brinquedo como palco de significados, experiência do humano: "Fui como uma criança que brinca de esconde-esconde e não sabe o que mais teme ou deseja: permanecer escondida ou ser descoberta" (1995, p. 14).

O caráter lúdico medeia a ação da criança no mundo. Em suas atividades, a criança empresta-lhes um sentido que não está na objetividade dos resultados, buscados pelo adulto, mas no prazer da sua execução. Prazer que vem de brincar com os objetos, os seres e a linguagem, emprestando-lhes um sentido que vai além da realidade imediata. A criança vai além da realidade significada pelo mundo adulto, ao atribuir ao que a cerca um sentido próprio, transgredindo o real. No dizer de Souza (1994, p. 32),

> a criança está pronta para criar outros sentidos para os objetos que possuem significados fixados pela cultura dominante, ultrapassando o sentido único que as coisas novas tendem a adquirir[1]. Tal atividade de brincar dá-se no diálogo com o mundo adulto. A criança não apenas transgride através de sua ação lúdica o real, mas tenta compreendê-lo e significá-lo, brincando de ser adulto, ou seja, reinventando-o.

Nesse sentido, como apontou Vygotsky, a brincadeira constitui a atividade através da qual a criança significa a cultura. Seu sentido está não nos resultados práticos da ação, mas na ação ela mesma (LEONTIEV, 1988). Ação que envolve um deslocamento do significado dos objetos, mediado pela imaginação. Para Leontiev não é a imaginação que cria a brincadeira, mas essa é acionada no ato do brincar, no diálogo com o real. O real aparece

---

[1] Por exemplo, nas atividades cotidianas domésticas que os adultos desempenham de forma mecânica, como lavar, cozinhar, varrer, a criança empresta-lhes outro sentido, dado pela brincadeira. Mesmo nas atividades escolares, a criança, ao executá-las, canta, desenha, emprestando-lhes assim um sentido pessoal, que não é uma recusa de tais atividades, mas a introdução de sua marca pessoal.

não como reprodução de situações e interações com indivíduos concretos com os quais a criança convive. O real como ação prototípica, em que a criança busca internalizar papéis e ações sociais numa atividade generalizada. No dizer de Leontiev: "O motivo para a criança não é reproduzir uma pessoa concreta, mas executar a própria ação como uma relação com o objeto, ou seja, precisamente uma ação generalizada" (1988, p. 6). Essa dimensão do brincar reforça compreendê-lo como interação com a cultura, o mundo social em sua estereotipia. Nesse sentido, a imaginação se apresenta não exatamente como capacidade de a criança fabular, mas de extrair das situações cotidianas e das interações concretas seus elementos prototípicos que lhe permitam significar a cultura.

Como nos indica Huizinga, citando Platão: "É preciso tratar com seriedade aquilo que é sério" (2000/1938, p. 22) e tomar o brincar como atividade dotada de uma seriedade que a aproxima do sagrado: "A criança joga e brinca dentro da mais perfeita seriedade, que a justo título podemos considerar sagrada. Mas sabe perfeitamente que o que está fazendo é um jogo" (*idem, ibidem*, p. 21).

Imitação

A imitação é outra característica da ação infantil. Ela é fundamental para introjeção da realidade que a circula. A imitação significa uma ação simbólica da criança, através da qual ela tenta, na repetição reconstrutora do ato adulto, apreender seu significado.

Tal imitação não é a cópia da ação do adulto, mas sua apropriação, mediada pela imaginação. Se por um lado a imitação constitui um mecanismo de aprendizagem e desenvolvimento, por outro é uma forma de expressão intersubjetiva (Rivière, 1995). Pela imitação, a criança não apenas significa o mundo adulto, experimentando suas possibilidades no ato de imitar, como também vivencia uma interação nesse ato. No jogo imitativo com o adulto, ela partilha o mundo social, constrói um universo comum de significações. Outro aspecto a se destacar na imitação é que a criança seleciona, no ato imitativo, aquilo que ela busca compreender no mundo adulto. Ela não imita qualquer ato, de maneira mecânica, mas seleciona, no universo adulto, aquilo de que ela quer se apropriar.[2]

Assim é que, por exemplo, ao imitar a mãe ao falar ao telefone, a criança, por um lado, compreende os usos e significados desse objeto, telefone. Mas também na imitação estabelece uma interação com a mãe, ambas construindo e partilhando um universo comum nessa atividade imitativa.

Tradicionalmente, no entanto, pouco consideramos a complexidade da ação imitativa da criança. Ela é tomada como atividade menor, passiva e não como estratégia de aprendizagem, construção do conhecimento e interação social por um sujeito que a utiliza como ferramenta de apreensão do mundo.

Nos jogos infantis, a imitação aparece como dimensão intrínseca. Muito mais do que o gesto ou a ação que é imitada, busca-se estabelecer uma troca com o Outro na ação, construir um universo simbólico partilhado, como um jogo de " passa anel" .

Cabe destacar também que a atividade imitativa, além de dirigir-se ao Outro, representante da cultura, o faz na interação com os artefatos historicamente produzidos por essa cultura. A criança imita o adulto na sua ação sobre os objetos que a circulam, introjetando seu significado, apropriando-se de tal objeto e condensando,

---

[2] Por exemplo, ao imitar o adulto no ato da leitura, a criança busca compreender o significado dessa prática, o que se lê, como lê e para quê.

no ato de imitar, o processo histórico de fabricação e uso de tal instrumento.

Por exemplo, ao imitar o adulto lendo o livro, a criança o faz de maneira ativa. Ela não reproduz a ação concreta da leitura adulta, mas a ressignifica, de acordo com sua compreensão do que seja o ato de ler e do seu conceito de objeto livro. Assim, ela lê as gravuras, lê de cabeça para baixo, experimenta diferentes formas de interação com esse objeto, a partir da imitação do ato adulto. Suas ações não são aleatórias, elas significam um diálogo com a cultura humana, materializada nesse artefato – o livro. Tal ato Leontiev denominou de "apropriação", ou seja, o processo individual de aprendizagem do repertório cultural na interação com o adulto. Nessa interação a criança de certa forma reconstrói, individualmente, o processo histórico de produção de tal artefato. Ela não precisa construir ou inventar por si própria o objeto livro, mas apropriar-se de seu significado historicamente construído, expresso em sua materialidade.

Nesse sentido, o processo de desenvolvimento individual da criança é necessariamente histórico, à medida que se dá na interação com artefatos historicamente produzidos. A imitação pode ser compreendida como estratégia cognitiva de apropriação da cultura humana. Como aponta Wartofsky (1999, p. 99):

> a ação humana envolve principalmente a feitura e o uso de artefatos. Eles são, pela sua própria natureza, ou pela sua origem na produção e comunicação humana intencional, objetos teleológicos já providos de significado. Eles são as materializações da práxis cognitiva – isto é a atividade conscientemente intencionada – e por isso esses artefatos ou construções humanas... são entes simbólicos ou representativos, entes que também servem como meios de cognição e protótipos de representação interna ou de pensamento imaginativo ou reflexivo).

A imaginação

> Logo mais se calam, de súbito,
> E vão seguindo em fantasia
> A viagem – sonho da heroína
> No país de assombro e magia
> Em alegre charla com os bichos
> E crêem um pouco na utopia.
>
> Lewis Caroll

No ato da brincadeira, buscando compreender o universo que a cerca através da imitação, a criança desenvolve uma função psíquica fundamental: a imaginação. A imaginação, ao lado da razão, constitui um mecanismo básico de apreensão do mundo. Nossa cultura habituou-se, porém, a pensar a imaginação como característica da criança ou do artista apenas, e não como processo inerente de compreensão do mundo. Segundo Bachelard, a imaginação se distingue do uso da razão na construção do conhecimento do mundo. Enquanto compreender, através do uso da razão, envolve um diálogo com o real, com as idéias socialmente construídas, a imaginação nos desliga ao mesmo tempo do passado e da realidade imediata, ela nos liberta do concreto e nos lança nas diferentes possibilidades de construção.

A imaginação permite-nos desenvolver o pensamento criativo, fundamental para nossa inserção no mundo. Contudo, a escola pouco valoriza e trabalha a imaginação, como se essa fosse apenas resultado de uma racionalidade pouco desenvolvida na criança, como se, ao longo do processo de desenvolvimento, a imaginação fosse substituída pela razão, característica do pensamento do adulto.

Na verdade, a imaginação é tão importante no adulto como o uso da razão; ela nos permite explorar o novo, inventar, criar possibilidades para além do concreto e imediato. A imaginação não é privilégio da infância, ela marca a conformação do nosso pensamento.

Mas o que é a imaginação? Falando grosso modo é a capacidade de elaborar imagens, tanto evocando objetos e situações vividas como formando novas imagens. A imaginação funda-se numa relação com o sensível, ao mesmo tempo em que rompe ao representá-lo por meio de imagens.

Para Bachelard, ela carrega duas dimensões: a imaginação reprodutora, em que evocamos situações, acontecimentos, seres e pessoas, sendo referente ao vivido, e a criadora, que envolve a invenção, a combinação de idéias para além do real.

Tais dimensões não são, portanto, privilégio da infância, elas também caracterizam o pensamento adulto. A criança, no entanto, lança mão da imaginação na sua relação cotidiana com o mundo. Ela brinca com o real, sabendo que as fantasias são diferentes da realidade, reconhecendo que são dimensões diferenciadas.[3] Mas, no ato de imaginar, em sua produção simbólica (usando desenhos, modelagem, jogos do faz de conta, no brinquedo, etc.), ela compreende e ultrapassa essa realidade, reconstruindo-a na imaginação

A não-afirmação de uma racionalidade hegemônica e vitoriosa na infância, ou a sua desconstrução na e pela cultura infantil vem afirmar o que Lyotard chama da "irracionalidade da *infantia*", ou

> aquilo que resiste apesar de tudo... mas alguma coisa nunca será derrotada, ao menos enquanto os humanos nascerem bebês, infantes. *Infantia* é a garantia de que continua a existir um enigma em nós, uma opacidade não facilmente comunicável- que resta alguma coisa que permanece, e que nós devemos dar testemunho dela. (1992, p. 416 *apud* KENNEDY 1999, p. 83)

---

[3] Através da imaginação, a bola, por exemplo, torna-se também lua, um balão, uma roda. A criança parte da bola concreta, mas na imaginação a transforma e ultrapassa.

Repetição

Sabemos que para a criança a repetição é a alma do jogo, nada alegra-a mais do que o mais uma vez... e de fato toda experiência mais profunda deseja insaciavelmente até o final das coisas, repetição e retorno.

Benjamin

Outra característica da relação que a criança estabelece com o mundo é o seu caráter de repetição. Ao brincar, ou desenvolver uma atividade que lhe dá prazer, o sinal de sua satisfação é dizer- de novo, imediatamente após o fim da atividade. Segundo Benjamin, é a repetição que permite à criança, compreender o mundo, experimentar emoções, elaborar suas experiências. Se o adulto o faz pela linguagem, narrando o vivido, a criança tem como estratégia a repetição. Ela precisa ouvir sempre a mesma história, contada com as mesmas palavras, reviver os mesmos filmes, cantar as mesmas músicas e repetir jogos que lhe deram prazer, exaustivamente. Até que seu interesse se desloca, quando compreende e assimila aquela atividade, substituindo pela repetição de uma nova. É como se por meio da repetição ela pudesse compreender e se apropriar do novo, do angustiante, do prazeroso. Portanto, não é apenas o que lhe dá prazer que é repetido, mas aquilo que deseja experimentar e compreender. Mediante a repetição, a criança ordena suas emoções, disciplina seu mundo interno, dando-lhe logicidade.

Freud, ao analisar o ato de uma criança alemã que repetidamente brincava com um carretel, puxando-o para si e afastando-o, ao mesmo tempo acompanhando do som "fort-da", indicou ali presente a repetição como elaboração do vivido, no caso a separação da mãe e seu retorno, demonstrando sua complexidade. Segundo esse:

> no caso da brincadeira, parece que percebemos que as crianças repetem experiências desagradáveis pela razão adicional de poderem dominar uma impressão poderosa muito mais completamente de modo ativo do que poderiam fazê-lo simplesmente experimentando-a de modo passivo...nada disso contradiz o princípio do prazer: a repetição, a reexperiência de algo idêntico, é claramente, em si mesma, uma fonte de prazer. (1920/1976, p. 52)

Freud destaca, portanto, que o prazer encontra-se não no motivo, no objeto da repetição, mas no ato de repetir, do refazer no que denomina " compulsão à repetição", elemento característico do brincar infantil. Tal repetição tem na criança uma temporalidade própria, que se destaca e diferencia do tempo produtivo cronológico do adulto. Ela é ditada pelo inconsciente que desconhece o tempo e espaço objetivos e se exerce no brincar. Para Freud, posteriormente, o sentido da repetição desaparece. No adulto "a novidade é sempre condição de deleite" (*idem, ibidem*) o que nos dificulta a apreensão do significado da repetição para a criança.

É importante destacar que a repetição não constitui a reprodução *ipsis litteris* da mesma situação, marcada pela imobilidade. Nunes, num estudo sobre as crianças indígenas destaca que, na perspectiva da criança, a repetição assume outro significado:

> a repetição permite uma crescente e renovada possibilidade de participação em função do registro anterior, uma vez que, a cada ano, as habilidades são outras e esse gesto e essa palavra, somados a outros gestos e outras palavras, sofisticam-se e ganham novos contornos e conteúdos, num ritmo muito veloz e em constante experiência. Por isso as crianças insistem em repetir tanto o que para nós parece sempre igual. Na verdade, para as crianças, nunca é igual. A cada vez que o repetem, elas tentam novas possibilidades, enfrentam novos desafios, afirma um novo saber. (2002, p. 82)

A beleza

> *As coisas sem importância são bem de poesia*
> *Tudo aquilo que nos leva a coisa nenhuma*
> *E que você não pode vender no mercado*
> *Como, por exemplo, o coração verde dos pássaros*
> *Serve para poesia*
> Manoel de Barros

Também é característico da atividade infantil sua forte dimensão estética. Por meio das atividades mais corriqueiras como arrumar uma estante, vestir uma roupa, a criança procura não apenas se expressar, mas produzir o belo, como um artista. Tais atividades superam sua dimensão prática, tendo um caráter expressivo de sua subjetividade e de sua compreensão da beleza. Ela ordena pedrinhas, lápis, escolhe suas roupas como uma atriz se preparando para o palco, em que a utilidade da ação é secundária em relação ao seu caráter criativo e expressivo.

Essa necessidade de expressão estética vai traduzir-se numa farta produção artística, em que a criança lança mão das mais diferentes linguagens para expressar seu mundo. Ela pinta e desenha, canta, dança, representa, em que o fazer artístico torna-se dimensão fundamental de sua subjetividade. Nessa ação, ela transita pelas diferentes linguagens estéticas, experimentando diversos tipos de materiais, recursos e temáticas. Mas é imperioso para a criança dar livre expressão a sua ação artística, sem submetê-la a uma disciplinação pedagogizante, definida pelo adulto, possibilitando-lhe essa multiplicidade de expressões, utilizando diferentes materiais.

A riqueza das expressões plásticas infantis vem sendo há muito discutida. Numa perspectiva evolutiva, característica do olhar das teorias psicológicas do desenvolvimento, o desenho infantil vem sendo sistematicamente abordado, destacando-se das demais produções estéticas, à luz de um recorte que situa tal produção em estágios. Esses seriam definidos a partir da progressiva sofisticação plástica e complexidade cognitiva, expressas no resultado de sua composição. Busca-se estabelecer parâmetros universais de análise da evolução dos desenhos infantis, normatizados em etapas, associadas ao desenvolvimento cronológico da criança. Tais quadros evolutivos têm em vista guiar a análise das produções individuais de crianças concretas, verificando-se sua adequação ou não à norma. Tal perspectiva significou um apagamento da análise do significado do desenho para a criança, sua redução à expressão de sua evolução cognitiva.

Num outro recorte, artistas e psicólogos vêm falar da extrema riqueza plástica da produção dos desenhos infantis. No dizer de Picasso: "Levei 20 anos para pintar como Rafael e toda uma vida para pintar como criança". O artista rompe aí com toda hierarquia infantilizante, apontando a complexidade plástica da pintura infantil, que se tornará referência estética para a arte moderna.

Se na produção infantil e na do artista adulto se destaca a riqueza plástica, Paul Klee afirma: "Não comparem meus trabalhos aos das crianças... são mundos à parte... nunca esqueçam que uma criança não conhece nada de arte... o artista, pelo contrário, está preocupado com a composição formal de suas telas: a significação figurativa destas é desejada e se realiza graças às associações do inconsciente" (*apud* CHEMAMA, 1988, p. 16- 17). No mesmo sentido, para Malraux, "embora a criança seja freqüentemente artista, não é um artista, pois, embora seu talento a possua, ela não o possui" (*idem, ibidem*).

A produção artística da criança não tem compromisso com o campo artístico, ela tem em vista uma imperiosa construção e expressão de sua subjetividade. As produções plásticas infantis constituem domínio não apenas de representação do mundo, mas necessidade de uso de linguagens, ordenação do mundo interno, através do uso de signos pictóricos

Gardner vai falar da " idade do ouro do desenho" localizada cronologicamente nos sete primeiros anos de vida, que posteriormente sofreria uma atrofia, com o desenvolvimento de suas estruturas cognitivas lógicas, levando à produção de um desenho voltado para a reprodução do real. Tal atrofia dá-se por efeito, tanto do desenvolvimento de uma linguagem racional, não expressa na produção artística, quanto de um sistema de ensino que desconhece, inferioriza ou elimina o desenvolvimento de outras linguagens na escola que não a linguagem científica ou cientificizada.

O autor busca problematizar essa aparente involução do desenho infantil, tentando analisar a relação dos desenhos produzidos na " idade do ouro" com a produção artística do adulto, desenvolvendo uma análise semiótica dessa produção

Chemama, com base em um viés psicanalítico, analisa o significado do desenho para a criança, destacando que: "O que faria para nós o valor de todo desenho é que, ao caos do mundo que nos cerca, até mesmo sua crueldade, o desenho opõe como que um limite, circunscrevendo o Outro terrificante que supomos, por engano, ou às vezes com razão, neste universo sem forma" (1988, p. 21). Nesse sentido, o desenho assumiria o significado de organizar o mundo para a criança, apaziguando-o através de sua inscrição num pedaço de papel, como uma escrita à qual se opõe o caos.

Para Chemama, a criança, no ato do desenho, ato que deve ser objeto de análise mais do que o resultado de sua composição, deixa suas marcas no mundo: "quando a criança pequena chega a desenhar pela primeira vez algo sobre uma folha, é o próprio fato de inscrever que parece ter um valor particular, como se evidenciasse a existência do próprio sujeito" (*idem, ibidem*, p. 23).

Para além da análise do desenho, cabe compreender o papel central que a produção artística exerce na construção da subjetividade e cultura infantis, destacando a importância de uma educação estética, fundamental em um projeto de formação[4] humana do adulto.

O grupo de pares

Outra característica a se destacar na ação infantil é seu caráter coletivo. A produção da criança se dá a partir das interações com os pares. Ela precisa do outro: colegas, irmãos, adultos para se ancorar e desenvolver suas atividades, principalmente quando essas envolvem o novo, o não sabido. A ação da criança sobre os objetos e outros indivíduos é sempre mediada pela interação, quer com outros adultos, quer com outros pares. Na medida em que esta ação é internalizada, a criança prescinde do outro concreto, internalizando-o.

Esse caráter coletivo da produção infantil vai também expressar-se numa sociabilidade própria – os grupos de pares. A criança necessita do grupo para situar-se no mundo, estabelecendo uma relação diferenciada com os adultos, com códigos próprios. Esse universo grupal infantil não é despido de regras, ao contrário, é carregado de normas, leis e punições que não reproduzem o universo social adulto, mas o ressignificam e reconstroem.

> As crianças são ativas na sua própria construção da infância, nas formas institucionais sociais fornecidas pela sociedade infantil, aquelas formas inventadas e variáveis de organização e interação de parceiros, quer sejam os jogos que as crianças brincam, quer a sociedade das esquina do bairro, ou os até hoje misteriosos e inexplorados modos de transmissão cultural do saber e do humor infantil. (WARTOFSKY, 1999, p. 106)

---

[4] O conceito de formação aqui se refere-se *bildung*, termo alemão que remete ao desenvolvimento estético a partir da imersão na cultura, em oposição à mera instrução.

Ou seja, existe não apenas uma especificidade da ação infantil na busca de compreensão do mundo, mas também uma sociabilidade e estratégias de aprendizagem diferenciadas, a serem melhor compreendidas.

No interior do grupo de pares, a criança lança mão de outras estratégias e recursos de aprendizagem, calcados não tanto na transmissão oral, mas na imersão na experiência coletiva. É através da participação nas atividades coletivas que a criança aprende suas regras, formas de realização sem que isso seja verbalmente expresso. A observação atenta das ações das demais crianças, o caráter assistemático e não intencional da aprendizagem, aliados à participação na atividade coletiva constituem as principais estratégias de aprendizagem das ações infantis. Essas ocorrem de maneira diferenciada da aprendizagem escolar, calcada na transmissão intencional do que se quer ensinar/ aprender, com recurso à verbalização da experiência e realização da atividade só após a verificação da sua aprendizagem.

Conclusão

Esses fragmentos aqui apenas indicados nos permitem pensar a infância e a cultura infantil não como universos distintos do adulto, mas elementos que historicamente foram associados à criança, e que também se fazem (ou fizeram) presentes na cultura adulta.

Tais fragmentos permitem-nos também analisar a complexidade da vida psíquica infantil e de suas produções simbólicas, superando as hierarquias redutoras referenciadas no mundo adulto, compreendendo a infância como acontecimento irredutível em sua complexidade.

Por fim, indicam possibilidades de compreensão e atuação junto à criança, de maneira a que os diferentes momentos da construção biográfica do indivíduo sejam analisados não de forma estanque, mas como construções que devem estar em diálogo na cena social, permitindo experienciar e dialogar sobre a complexidade do humano e de suas infinitas formas de construção e produção simbólica. Como nos indica Bartolomeu de Campos Queiroz:

> A infância brincava de boca de forno, chicotinho queimado, passar anel ou correr de cabra cega. Nossos pais, nesta hora preguiçosa liam o destino do tempo escrito no movimento das estrelas, na cor das nuvens, no tamanho da lua, na direção dos ventos. O mundo não estava dividido em dois, um para as pessoas grandes, outro para os miúdos. As emoções eram de todos. (1995, p. 10)

Referências

BACHELARD, Gaston. *Fragmentos de uma poética do fogo.* São Paulo: Brasiliense, 1990.

BACHELARD, Gaston. A poética do espaço in *Os pensadores.* São Paulo: Abril Cultura, 1984.

BANKS- LEITE, Lucy. As questões lingüísticas na obra de Jean Piaget: apontamentos para uma reflexão crítica in BANKS- LEITE, L.(Org.), *Percursos piagetianos.* São Paulo: Cortez, 1997.

BARROS, Manoel. *Retrato do artista quando coisa.* Rio de Janeiro: Record, 1998.

BENJAMIN, Walter. *Reflexões: a criança, o brinquedo e a educação.* São Paulo: Summus, 1984.

BRUNER, Jerome. *Realidade metal, mundos possíveis.* Porto Alegre: Artes Médicas, 1997.

CHEMAMA, Roland. *A arte de desenhar.* Conferência: Centro de Estudos da Expressão, 1988 (mimeo).

DUFLO, Colas. *O jogo de Pascal a Schiller.* Porto Alegre: Artes Médicas, 1999.

DUVEEN, Gerard. A construção da alteridade. In: ARRUDA, A (Org.). *Representando a alteridade.* Petrópolis: Vozes, 1998.

FREUD, Sigmund. *Além do princípio do prazer.* In: Edição standard brasileira das obras psicológicas completas de Sigmund Freud. v. XVIII. Rio de Janeiro: Imago, 1920/1976.

GARDNER, Joseph. *Arte, mente e cérebro*. Porto Alegre: Artes Médicas, 1999.

GEERTZ, Cliford. *A interpretação das culturas*. Rio de Janeiro: Jorge Zahar, 1978.

GIMENEZ, Fabian; TRAVERSO, Gabriela. Infância e pós-modernidade. In: KOHAN, W.; KENNEDY, D. (Org.). *Filosofia e infância*. Petrópolis: Vozes, 1999.

GOUVEA, Maria Cristina Soares. A cultura da infância, a infância na cultura. In: *Presença Pedagógica* n. 21. Belo Horizonte: Dimensão, 2000.

GOUVEA, Maria Cristina Soares. Infância, sociedade e cultura. In: SALLES, F.; CARVALHO, A.; GUIMARÃES, M. (Org.). *Desenvolvimento e aprendizagem*. Belo Horizonte: UFMG, 2002

HUIZINGA, Johan. *Homo ludens*. São Paulo: Perspectiva, 2000

KENNEDY, David. Notas sobre a filosofia da infância e a política da subjetividade. In: KOHAN, W.; KENNEDY, D. (Org.). *Filosofia e infância*. Petrópolis: Vozes, 1999.

LARAIA, Roque de Barros. *Cultura- um conceito antropológico*. Rio de Janeiro: Jorge Zahar, 1988.

LARROSA, Jorge. Dar a palavra. Notas para uma dialógica da transmissão. In: LARROSA & SKLIAR (Org.). *Habitantes de Babel*. Belo Horizonte: Autêntica, 2001.

LARROSA, Jorge. *Imagens do outro*. Petrópolis: Vozes, 1998.

LEONTIEV, Alexis. *O desenvolvimento do psiquismo*. Lisboa: Horizonte, 1978.

LEONTIEV, Alexis. Os princípios psicológicos da brincadeira pré-escolar. In: LURIA; LEONTIEV; VYGOTSKY. *Desenvolvimento e aprendizagem*. São Paulo: Ícone, 1988.

NUNES, Angela. No tempo e no espaço: brincadeiras das crianças Auwê-xavante. In: SILVA, A.; MACEDO, A. V.; NUNES. A. (Org.). *Crianças indígenas: ensaios antropológicos*. São Paulo: Global, 2002.

RAMOS, Graciliano. *Infância*. 27. ed. Rio de Janeiro: Record, 1993.

PEREC, Georges. *W ou a memória da infância*. São Paulo: Companhia das Letras, 1995.

PIAGET, Jean. *Seis estudos de psicologia*. São Paulo: Forense, 1991.

QUEIRÓS, Bartolomeu Campos de. *Indez*. Belo Horizonte: Miguilim, 1995.

RIVIERE, Angel. Origem e desenvolvimento da função simbólica na criança. In: COLL, C.; PALACIOS, J. *Desenvolvimento psicológico e educação*. v. 1. Porto Alegre: Artes Médicas, 1995

SARMENTO, Manoel. A culturas da infância nas encruzilhadas da segunda modernidade. In: ARMENTO, M.; CERISARA, A. L. (Org.). *Crianças e miúdos: perspectivas sociopedagógicas da infância e educação*. Porto: Asa, 2004

SARMENTO, Manoel. Gerações e alteridade: interrogações a partir da sociologia da infância. In: *Educação e Sociedade*. Dossiê: Sociologia da infância. Campinas: Caderno Cedes, v. 26, mai./ago. 2005.

SOUZA, Solange Jobim. *Infância e linguagem: Bakhtin, Vygotsky e Benjamin*. Campinas: Papirus, 1994.

WARTOFSKY, Marx. A construção do mundo da criança e a construção da criança do mundo. In: KOHAN, W.; KENNEDY, D. (Org.). *Filosofia e infância*. Petrópolis: Vozes, 1999.

WHITE, Hayden. *Trópicos do discurso: ensaios sobre a crítica da cultura*. São Paulo: Edusp, 1994.

Capítulo 8

TEATRO E LITERATURA: ENCONTROS E POSSIBILIDADES

Cida Falabella

Pensar o encontro da literatura e do teatro em duas dimensões que se completam e tem como objetivo maior o estímulo à leitura é o objetivo desta breve contribuição. O exercício então seria: vamos pensar em teatro (literatura dramática) como literatura e literatura (não dramática) enquanto teatro.

Infelizmente não temos o hábito, em nossas escolas, de ler peças teatrais, o que enriqueceria o aprendizado e estimularia a produção de bons leitores e quiçá de futuros escritores, incluindo dramaturgos. A leitura de textos teatrais de diferentes autores e estilos, refletindo, como toda a literatura, as correntes literárias e a época, pode ser um riquíssimo material para ser usado não só para facilitar e estimular a leitura como para se estudar História, Geografia, Ciências, etc. Quantos de nós, professores, leram ou ofereceram para leitura algum exemplar de texto teatral? Quantos sabem que um texto de teatro tem uma escrita própria, assim como a poesia, a prosa, a crônica, o romance? O que é uma rubrica? Para o que serve? Qual é a diferença entre atos e quadros?

Para se compreender como a literatura dramática está distante da sala de aula, temos um exemplo simples que pode ser considerado um "crime" contra o teatro e contra um dos maiores dramaturgos de todos os tempos: Shakespeare. Trata-se das famosas versões condensadas, em que se mata toda a força da obra *shakespeareana*, que não se prende às histórias contadas, algumas pertencentes à tradição oral e encontradas em vários autores, mas, sim, à *forma* como são contadas, a qualidade do seu texto, a riqueza na construção das personagens, a alternância entre o verso e a prosa, entre o sublime e o rasteiro, entre a o mundo terreno e o espiritual, entre nobre e pobres, que transformaram sua obra em uma radiografia do comportamento e das paixões humanas em todos os tempos. O bardo, no entanto, seria (é) um capítulo à parte, merecedor de estudos específicos, tal a complexidade de sua obra.

Essa cruzada em prol da leitura de textos teatrais na sala de aula, desde o ensino fundamental, passando pelo médio e pelo superior, é urgente. Certamente todo o ensino sairia ganhando, pois o texto teatral é um dos vestígios que o teatro, *"arte escrita no vento"*, deixa. Podemos afirmar: teatro também é literatura antes de se transformar em cena. Para se gostar de ler teatro, podemos pensar primeiro nos diversos públicos a ser atingidos e então proceder ao processo de sensibilização dos alunos. Ler teatro pode ser um prazeroso exercício em conjunto. Depois de uma apresentação prévia da peça e das características da escrita – as divisões em atos, a apresentação dos personagens, as rubricas indicando tanto os elementos de composição da cena, como cenário, figurinos, ruídos, como estados e intenções das personagens, ações etc. –, podemos dividir a sala em grupos e distribuir as personagens, assim como a função de um (ou mais) narrador, que leria as rubricas. Essas primeiras leituras são chamadas de leituras *brancas*, sem acentuação, para se conhecer o texto. Através de alguns ensaios, podem-se realizar não só novas leituras como o estudo das características do texto, do contexto, das personagens, até se chegar a uma *leitura dramática*, que nada mais é do que uma leitura com intenção, que ajude a imaginar a realidade, o mundo criado pelo texto. Independentemente do tamanho do texto e do número de personagens, toda a turma pode participar, já que as personagens podem ser trocadas (através de uma combinação prévia), de modo que cada um seja lido por duas ou três pessoas, o que auxilia ainda mais a compreensão. Como peças para esse exercício podemos indicar, para crianças, as de Maria Clara Machado, como *A menina e o vento* e *Pluft, o fantasminha*, muito divertidas, não só nas falas como nas rubricas; *A lenda do vale da lua*, de João das Neves, *A viagem do barquinho*, de Sílvia Orthoff, entre outras. Para alunos de 5ª a 8ª séries, a obra de Ariano Suassuna é muito saborosa e já bastante conhecida por ter versões para a TV e o cinema, que podem contribuir para sua abordagem. *O santo e a porca, O auto da compadecida, A mulher vestida de sol* são bons exemplares que certamente vão render leituras dramáticas muito ricas, considerando o forte acento da cultura popular nessas obras. Para o ensino médio podemos arriscar com Nelson Rodrigues, não sem antes estudar o autor e suas características, para que ele não seja confundido com um escritor pornográfico. São leituras densas, mas que podem ser iniciadas por *Viúva porém honesta*, uma farsa irresponsável, e chegar às tragédias cariocas como *Álbum de família, Boca de ouro* e *O beijo no asfalto*. Por fim, reabilitar Shakespeare por todos os motivos já abordados. *Sonho de uma noite de verão*, desde que seja escolhida uma boa tradução, como a de Bárbara Heliodora (que troca o tu por você), é um bom começo, um texto que agrada sobretudo aos jovens. E por que não o clássico dos clássicos *Romeu e Julieta?* Para auxiliar neste trabalho, temos versões cinematográficas que estimulam a compreender melhor a época e a função do teatro, como *Shakespeare apaixonado* e versões tanto do *Sonho de uma noite de verão*, como de *Romeu e Julieta*, até uma que situa a tragédia no mundo contemporâneo, sem alterar o texto, do diretor Baz Lurhman. Esse seria um começo, mas existem muitas opões ainda como Jorge de Andrade (*Vereda da Salvação*), Oswald de Andrade (*O rei da vela*), Arthur Azevedo (*O mambembe*), Pirandello (*Seis personagens à procura de um autor*), Torthon Wilder (*Nossa cidade*).

Para se gostar de ler teatro, é só começar. A coleção Teatro Vivo da Abril tem bons exemplares da dramaturgia brasileira e universal, com as principais obras de autores de diferentes épocas e estéticas. Em Belo Horizonte temos a Editora Hamdan, que publica a coleção *Teatro Brasileiro* com textos contemporâneos de qualidade, adultos (*Ó Abre-alas*, de Jandira Martini) e infantis (*Como a lua*, de Wladimir Capella).

Agora vamos considerar o teatro como o *fazer teatral*, que não depende, para se materializar, apenas da literatura dramática, visto que o chamado *textocentrismo*, ou seja, o teatro que se baseia no reinado do texto sobre todos os elementos da cena, está devidamente ultrapassado. Hoje, na produção teatral contemporânea, a cena e o texto estão completamente imbricados, fruto da necessidade de o dramaturgo sair de seu escritório e acompanhar os desafios que se colocam.

Pensando assim, depois de pagar o tributo aos bons textos de teatro, fundamentais assim como a boa poesia, romance, etc., a literatura *não dramática* passa a ser o foco principal, lançando algumas questões no sentido de propor parcerias entre texto escrito (seja ele romance, conto, seja ele crônica) e cena. Na escola, usa-se muito o termo *teatralização*, que eu considero inadequado, para traduzir a transformação de um texto em cena. Parece-me algo que remete ao teatro como um clichê, como se existisse de fato uma receita para se fazer teatro.Um das possibilidades de encontro entre a literatura *não dramática* e o teatro se dá justamente se compreendermos o teatro não só como o domínio do drama, mas também do épico.

Anatol Rosenfeld, em seu livro *O teatro épico*, relembra a teoria dos gêneros literários que vão nos ajudar a chegar também ao épico no teatro:

> pertencerá à Lírica todo poema de extensão menor, na medida em que nele não se cristalizarem personagens nítidos e em que, ao contrário, uma voz central – quase sempre um "Eu" – nele exprimir seu próprio estado de alma. Fará parte da Épica toda obra – poema ou não – de extensão maior, em que um narrador apresentar personagens envolvidos em situações e eventos. Pertencerá à Dramática toda obra dialogada em que atuarem os próprios personagens sem serem, em geral, apresentados por um narrador. (ROSENFELD, 2000)

Temos então como gêneros mais conhecidos: o épico, o lírico e o dramático, podendo haver, é claro, as *contaminações*. Neste sentido uma obra teatral dramática pode estar impregnada de elementos líricos, como as peças do grande dramaturgo espanhol García Lorca.

O lírico seria o gênero mais subjetivo, que transmite estados da alma, mundo das emoções e sensações vividas intensamente, refletidas numa escrita plena de ritmo e musicalidade. O gênero épico é mais objetivo que o lírico. Nele um narrador conta a história de outros, participando em maior ou menor grau de suas vidas. Ele narra o passado e tem desse modo uma visão distanciada dos acontecimentos, não se confundindo ou se metamorfoseando nas personagens que apresenta. Já no gênero dramático as personagens se apresentam como autônomos e carregam a subjetividade lírica. Os acontecimentos se apresentam por si mesmos, no tempo presente. A ação dramática acontece "como se fosse a primeira vez".

E como encontramos o épico no teatro, que por natureza se definiria como gênero dramático? No teatro, desde os gregos até Shakespeare, além de todo o teatro oriental, os elementos épicos podem ser reconhecidos. A cena épica é por natureza uma cena aberta, em oposição à hoje difundida noção de quarta parede, que fecha o palco italiano, colocando o espectador na posição de um curioso que olha pelo buraco da fechadura e descobre os segredos das personagens. A própria idéia de personagem se desconstrói (na verdade ela é construída muito tempo depois) sob o pondo de vista do teatro épico. Não existe uma simbiose absoluta entre ator e personagem, todo o tempo sabemos da existência das duas instâncias durante o desenrolar da apresentação.

O grande pensador do teatro épico, considerado o formulador da teoria do teatro épico/dialético é Bertolt Brecht, dramaturgo e diretor alemão que muda toda a concepção de teatro, a partir de uma pedagogia não só do ator, mas do espectador. O teatro épico parte da leitura dos elementos epicizantes ao longo da história do teatro no Oriente e Ocidente, reorganizados com o objetivo de transformar o teatro em diversão, mas diversão profunda, capaz de mudar o ponto de vista de quem faz e de quem assiste, ao deslocar o foco de atenção de dentro para fora da cena. A estrutura dramática que envolve o espectador num carrossel de emoções, cada vez mais intensas, é substituída pela estrutura épica que se traduz pela idéia de um planetário, onde pode se observar toda a rota e "comportamento" dos astros de um lugar privilegiado. O maior trunfo do teatro épico é o famoso *efeito v*, conhecido por *distanciamento* ou *estranhamento*. O que é habitual é apresentado ao público de modo que permita a crítica e a instauração de um novo modo de ver. Mais do que um efeito que pode ser usado como truque o distanciamento é todo um sistema que incluiu a interpretação menos apaixonada, as cenas justapostas, cada cena por si, o uso da música como um recurso à parte que comenta a cena e não apenas cria climas. Na leitura de textos teatrais, sem dúvida, podemos incluir peças de Brecht, inclusive as de sua fase didática, como, por exemplo, *A exceção e a regra* e *Aquele que diz sim, aquele que diz não*.

A narrativa, como já afirmamos, sempre esteve presente na história do teatro. O narrador guarda profunda relação com o ator e no passado vamos encontrar os *menestréis, joglars, griots,* exercendo esta função de contar e recontar histórias. Então, mesmo sem alcançar a complexidade do teatro dialético de Brecht, cuja formulação se funda no princípio da *contradição*, podemos pensar a adaptação do texto literário para cena sem a necessidade de uma imposição das regras dramáticas, conservando o caráter original da obra. Nesse exercício, o papel do narrador será fundamental, pois ele deve funcionar como um trilho na condução da cena. Tal possibilidade pode ser experimentada em textos curtos, que podem ser transformados em cânones, em que vários narradores contam a história, explorando nuances, que numa leitura única não seriam revelados. No teatro narrativo, as personagens têm a possibilidade de surgir como um *duplo*, um desdobramento dos narradores, não exigindo uma identificação plena, fundada na caracterização psicológica da interpretação. O narrador passa pela personagem, mas volta sempre para a sua função primordial que é a de contar, de forma clara, uma história. Os diálogos, se existem dentro do texto, podem ser utilizados, e os comentários feitos em seguida, numa alternância da 1ª e 3ª pessoas.

Sem pretender que o uso de exemplos limite as possibilidades de escolha, mas contribuam para abrir o leque inesgotável de materiais interessantes para um trabalho desta natureza, arrisco algumas sugestões. Começar com crônicas, que funcionam como retratos da realidade, seria uma etapa produtiva. Rubem Braga, Fernando Sabino, Paulo Mendes Campos, Otto Lara Resende, Carlos Heitor Cony, entre outros, oferecem inúmeros textos em que humor e poesia se misturam. Os diálogos são acompanhados de descrições e comentários, que numa versão de adaptação dramática se perderiam e que nessa proposta seriam aproveitadas integralmente.

Depois, com a mesma preocupação de aproveitar não só a relação das personagens através dos diálogos, base da literatura dramática (com exceção, é claro, do teatro épico), mas também o texto narrativo, podemos passar para contos (Clarice Lispector, Murilo Rubião, Luis Vilela, Roberto Drummond) e por fim romances (*O encontro marcado, Grande sertão: veredas, Macunaíma*) dos quais seriam recortadas partes, coladas em um roteiro, elaborado com a participação dos alunos.

Luiz Arthur Nunes, professor da UNI-RIO e diretor teatral, dá nome a esta pesquisa de "encenação de textos de ficção sem transposição de gênero, isto é, respeitando o modo narrativo do texto original" (NUNES, 2000). Para ele, o ator que participa dessa experiência pode ser denominado um *ator rapsodo,* que explora uma teatralidade específica e de alto poder de comunicação.

Teatro e literatura podem ser traduzidos, desta forma, como diversão (no sentido dado por Brecht) e conhecimento, multiplicando suas potencialidades, mediante o processo de apropriação criativa dos elementos específicos de cada manifestação artística.

Referências

NUNES, Luis Arthur. O estado atual da pesquisa em teatro: a pesquisa teórico-prática em teatro na UNI-RIO. *Revista da Abrace,* 2000.

ROSENFELD, Anatol. *O teatro épico.* São Paulo: Perspectiva, 2000.

Capítulo 9

O MERCADO, O ENSINO E O TEMPO: O QUE SE APRENDE COM A LITERATURA QUE SE VENDE?

Graça Paulino

A temática proposta para nossas reflexões aqui e agora nos exige alguns posicionamentos sobre venda de livros literários e seu papel na formação de leitores, sendo esses dois amigos tão próximos e tão distantes – livros e leitores – tomados como pontos de partida, no viés econômico de uma sociedade de consumo.

Não se pode restringir, evidentemente, a formação de leitores à escola. Falamos muito sobre isso, escrevemos muito sobre isso, talvez com um tom nostálgico e às vezes crítico, de quem se lamenta por não haver leitores de livros, especialmente os literários, no Brasil, em número suficiente. Clamamos por bibliotecas públicas, já que o povo não tem poder aquisitivo para comprar livros. Clamamos por professores que levem seus alunos à paixão de ler. Ziraldo até entendeu de um modo sexual essa história da paixão pelos livros, colocando seu macho-herói de sempre mergulhado sobre um livro de pernas, aliás, páginas, abertas. As professoras devem ter-se escandalizado, e, como a obra foi feita de encomenda para a revista *Presença Pedagógica*, deixou de ser capa, com a editora evitando dar relevo ao escândalo, para aparecer sem aviso ou explicação no meio da revista, permitindo que se passasse depressa ao artigo seguinte.

Muitos leitores se formam na cama, sim, pois essa é um lugar confortável para se recostar e ler sem pressa, quando se perde o sono e não há pernas abertas, só páginas. E, mesmo com uma relação sexual disponível, o desejo pode estar em outro espaço, onde ocorrem enlaces mais queridos. Lembremo-nos do romance de Calvino, *Se um viajante numa noite de inverno*, em que o desfecho apresenta o casal de leitores-protagonistas, finalmente juntos, cada um com seu livro por ler, trocando um "boa noite" rápido, antes de entregar-se ao ato solitário da leitura.

Leitores se formam mesmo é através de suas próprias leituras, e estas se dão em diversos espaços sociais, em diversos momentos de vida, em diversos momentos de relacionamentos humanos, em diversas circunstâncias culturais, de cunho mítico, político, boêmio, misantrópico e outros. Assim, a formação de leitores se desenvolve o tempo todo, ao longo da vida inteira, às vezes com lentidão, às vezes com dificuldades, às vezes com um ritmo alucinado e surpreendente para o próprio sujeito que se perde em suas leituras.

Tal formação, estando relacionada à vida social, jamais se desligaria por completo de instituições como a escola e de instâncias como o mercado. Mesmo quando negados, tanto a escola, com seus rituais e seus mediadores de leitura, às vezes inadequados, quanto o mercado, com a transformação das artes em mercadorias encomendadas, propagandeadas, patrocinadas, vendidas e compradas, compõem a instituição literária, no nível da produção e no de sua recepção concreta.

O conhecimento associado ao ato de ler pode ser de diversas naturezas, quando deriva dos objetivos prévios do leitor, quando se desenvolve no processo mesmo da leitura, em estratégias, tentativas, surpresas, características da interação entre diferentes vozes, as textuais junto com as do leitor, atuando na produção de sentidos, à qual podemos também denominar processo de produção e apropriação de conhecimentos. Explicitados esses pressupostos que simultaneamente ligam e identificam as três instâncias – conhecimento, mercado e ensino –, vou fixar-me num exemplo concreto de um livro e de sua circulação entre nós, o que me permite também fugir das abstrações e universalizações sempre perigosas quando tratamos de leitores e leituras. Para isso, escolhi deter meu olhar sobre a obra de ficção que se encontrou no primeiro lugar em 2005 nas listas dos mais vendidos do Brasil, continuando a compor a lista dos dez mais em 2006 e 2007: *Memória de minhas putas tristes*, de Gabriel García Márquez. Tristes mesmo são os três tigres a que me refiro, o mercado, o ensino e a literatura, como conhecimento singular de mundo, mesmo por que não há puta tão triste e bela como a própria vida, da qual, evidentemente, a ficção participa.

Gabriel García Márquez é o escritor vivo de língua espanhola mais lido no mundo, já que entre os mortos é suplantado por Cervantes, cuja obra *Dom Quixote de La Mancha* só é menos lida que a Bíblia no Ocidente letrado. Márquez começou a ser *best-seller* em 1967, quando publicou *Cem anos de solidão*. A primeira edição desse livro, na Argentina, foi de 8 mil exemplares, que se esgotaram em quinze dias. Hoje o livro alcança o número de mais de 50 milhões de exemplares vendidos em mais de quarenta idiomas. Em 1968, quando, já na onda desse sucesso, se traduziu para o português a novela *Ninguém escreve ao coronel*, na orelha da edição lemos que "nenhum escritor latino-americano é tão lido hoje no mundo quanto Gabriel García Márquez."

Sua obra não tem os apelos esotéricos ou de auto-ajuda que garantem a alguns outros também altos índices de vendagem. Além de seus livros citados, da década de 1960, alguns de nós devem lembrar-se de vários outros romances, novelas e contos de sua autoria: *A incrível e triste história da Cândida Erêndira e sua avó desalmada, O outono do patriarca, Crônica de uma morte anunciada, O amor nos tempos do cólera, O general em seu labirinto, Doze contos peregrinos, O amor e outros demônios*. Na verdade, escreveu mais de quarenta livros, se se incluírem os textos informativos de denúncia, os roteiros, as reportagens. Os temas recorrentes de sua produção literária são o amor, a morte, a solidão, a pobreza do povo latino-americano, o poder, a tristeza e, especialmente, a angústia do tempo, que desde os autores barrocos vem marcando presença em grandes obras literárias. A narrativa se faz de tempo, e, na modernidade, isso foi assumido quase como uma auto-referência inevitável.

Assim, desde 1967, os livros de García Márquez vêm alcançando grande sucesso de vendas. Podemos dizer que se trata de um caso literário de *long-seller*, mais que o de um *best-seller*, pois estes podem ter vida curta e esquecimento rápido, o que já fica fora de cogitação quanto ao autor colombiano.

Mas o mercado não está acima das polêmicas, pelo contrário, costuma produzi-las, e com García Márquez não foi diferente. Há tanto críticas contra o mercado e suas injustas vendagens bilionárias quanto críticas funcionando como estratégias de marketing. Aliás, muitas vezes o mesmo texto crítico preenche as duas funções.

Vejamos o caso de *Memória de minhas putas tristes*. No *Observatório da Imprensa* de 11 de outubro de 2005, o crítico Uraniano Mota dá à sua coluna o título de "Literatura pop star" e a começa do seguinte modo: "Procura-se Gabriel García Márquez, o outro, não este de *Memoria de mis putas tristes*. O crítico alude a uma ilusão autobiográfica que o velho de costas na capa do livro daria aos leitores incautos. Lamenta também a ilusão do leitor que vai buscar cenas de sexo, a partir das putas do título. E começa a enumerar defeitos na narrativa: o narrador, como ex-professor de latim, deveria usar uma linguagem menos coloquial, mais erudita. Esse narrador nem nome tem e não há razões que justifiquem seu anonimato. Não sabemos como ele arranja dinheiro para pagar a cafetina e a adolescente virgem por tanto tempo. Vão por aí as reclamações do crítico, que detestou o livro. Uma leitora também especializada, professora universitária, declarou-me que havia, sim, gostado do livro de Márquez, embora fosse evidente sua falta de originalidade, já que ele havia quase plagiado *A casa das belas adormecidas*, de Yasunari Kawabata, prêmio Nobel de 1968, morto em 1972, autor de uma obra respeitável, que inclui o livro citado, publicado em 1960, com um enredo tão próximo ao de García Márquez que este se teria visto na obrigação de usar um trecho do japonês como epígrafe.

Por outro lado, a revista *Quem*, da Editora Globo, em outubro de 2005, recomendou o livro, dizendo que as livrarias brasileiras não queriam exibi-lo em suas vitrines, por causa do palavrão, mas depois cederam às evidências de sucesso: mais de um milhão de exemplares vendidos, e a primeira edição brasileira rapidamente já esgotada. Depois a revista acrescenta: "Os moralistas podem ficar calmos. Gabriel García Márquez faz uma reflexão ao mesmo tempo encantadora e melancólica sobre a vida". Na mesma revista, quem indica o livro é o respeitável escritor brasileiro Moacyr Scliar: "Um veraz e comovente depoimento sobre a velhice e suas limitações, uma obra de maturidade de G.G.M. O escritor está realmente brilhante nesta curta novela".

García Márquez disse que "conta para viver", ou "escreve para não morrer". Assim também faz o narrador de *Minhas putas tristes*, que, aos 90 anos, embora continue a produzir sua croniqueta diária para o jornal da cidade, dedica-se também a contar uma história que pouco tem a ver com o passado e com o já vivido. Pelo contrário, a história se inicia com uma idéia nova, um projeto erótico ao qual jamais ele havia se entregado, mas que, repentinamente, parece viável: ver uma mulher que dorme. Uma virgem jovem dorme, e o homem se contenta em admirá-la, deitado ao seu lado. "Pagar para ver" é uma expressão da língua portuguesa que tem dois sentidos, um popular, de uso corrente, que significa desafiar o outro a cumprir o prometido de cuja realização se duvida. É como se fosse tão pequena a probabilidade de acontecer, que se poderia até "pagar" para incentivar a concretização do fato.

Já o "pagar para ver" no contexto cultural contemporâneo é algo que se relaciona a um mundo em que, do povo, se formou um público de receptores, os que *vêem* TV, cinema, vídeo, teatro, performances diversas. Ler é também uma forma de ver, pela qual pagamos. Evidentemente, ver é uma ação sociocultural, já que não existe o olhar passivo, neutro, de todo desinteressado. É contraditório acreditar que nossos olhos se deteriam sobre algo que não nos atraísse. Nessa cultura do olhar, a dimensão problemática reside no apagamento de outros modos sensoriais, físicos, intelectuais e emocionais de agir sobre o mundo ou mover-se com ele.

Mas o velho cronista solitário paga para ver, e é isso que conta aos leitores, que também "pagam para ver". Após uma vida inteira pagando para "fazer" com prostitutas, ele admite outra fase, uma fase menos machista, menos mandatária. Nunca ter aceitado uma relação amorosa duradoura com uma mulher já o caracteriza com certa dose de misoginia. Um velho casmurro que nada perdeu porque nada teve. E a tristeza com que qualifica as putas, mulheres pagas sem receber amor, é uma tristeza dele, que jamais conseguira amar. Aos 90, a redenção.

Essa acaba sendo a grande diferença entre *Memória de Minhas putas tristes* e *A casa das belas adormecidas* (Yasunari Kawabata) da qual Márquez foi acusado de apropriar-se.

A narrativa japonesa trata de uma preparação para a morte. Ele conta como faz, aliás, como e quem vê, para morrer feliz. O narrador de Márquez, ao contrário, prepara um casamento, a primeira união de sua vida, seu primeiro amor. Pouco importa, como na história do filme *O caçador de andróides*, que o tempo seja curto e que a moça seja tão diferente dele. Importa é que o amor, assim como pode matar, pode também fazer viver. Trata-se da mesma ambigüidade do ato de ler: quem escreve é o outro, mas, sem o leitor ativo, o sentido social da interação se perde, morre. Mas o leitor também pode matar o texto, lendo-o às pressas, por exemplo. Um leitor que não entra em diálogo com o texto, deixando-o intacto. Mas diálogo com os leitores é o que deseja o narrador de Márquez. Cansado de monologar, ele escreve, contando como, mesmo aos 90 anos, ainda é possível encontrar o outro, nesse espaço erótico delicado da literatura e da vida.

Trata-se de uma novela que acredita na formação de leitores, pois o fio do narrado inclui os livros que ele lê para ela, escolhidos cuidadosa e amorosamente. Ele relê, ela ouviria? Estaria constituindo-se inconscientemente uma mulher letrada? Seria em parte literário o amor que ela acaba sentindo por ele? O mediador da formação literária age, não é mais um velho inerte, que apenas vê a virgem dormindo ao seu lado. Trata-se de outra forma de tocá-la: ler bons textos em voz alta. Sentindo-se vulnerável, ela foge dele, até que a cafetina também exerça seu papel mediador, de outra linhagem: afirma que a paixão era correspondida e isso significa que poderiam "viver felizes para sempre". São os poderes perenes da literatura.

O ano de 2007 está sendo tratado como o ano de García Márquez: *Cem anos de solidão* faz 40, o Nobel faz 25, o escritor faz 80 anos. Ele ergue no Zócalo, a enorme praça central da cidade do México, uma Casa Colômbia, acentuando as convergências dessa América Latina tão cheia de disparidades e paradoxos. Um desses está na possível formação de milhões de leitores, num jogo do mercado literário que traz as putas para a capa, junto com a sugestão autobiográfica, seduzindo o leitor incauto a entrar numa casa sóbria – o prostíbulo – numa casa enfeitada – o futuro lar – mas, especialmente, numa casa sem teto, sem paredes, sem chão – a literatura, imaginária casa tombada, que aprendemos a decorar, não só junto com autores, como também junto com editoras, livrarias, bibliotecas e salas de aula.

Ora, nestas pícaras alturas dos acontecimentos, cabe-nos perguntar: afinal, que leitores este livro forma? Lemos opiniões divergentes de três leitores que poderíamos considerar suficientemente formados em leitura literária, com espaço garantido na mídia especializada ou não. Resta-nos ler o livro para ver com qual desses críticos ficaríamos. Mas estamos no espaço acadêmico, um espaço de elite. Pensemos num cidadão comum, talvez um adolescente em fase escolar, talvez com a internet, com os convites para as baladas, de sertanejas a *high tech* internacional. A escola é seu lugarzinho de sempre: rotina, deveres, gente "por fora", chatos.

O/a bibliotecário/a escolar que indicar este livro para compra corre o risco de ser demitido/a, se for da rede privada. Como bibliotecários da rede pública raramente podem fazer indicações de compra direta, tal livro teria de passar por política públicas de incentivo à leitura, pelo PNBE, por exemplo, que não vinha contemplando alunos-leitores adultos e só agora está distribuindo livros didáticos para o ensino médio. Assim, temos motivos para desconfiar que este livro permanecerá fora das escolas brasileiras de educação básica. Talvez apareça nas bibliotecas de faculdades de Letras, em espanhol. Pode ser que entre numa lista qualquer de aquisição acadêmica, pelo impacto de venda das putas, a ser analisado, pelos noventa anos do narrador ou pelo Nobel. Quem sabe entraria numa biblioteca escolar brasileira em nome de uma latinidade sonhada?

Mas, e se um leitor sem traquejo passasse por uma livraria de uma grande cidade, e visse o livro na vitrine? Bem, se decidir comprá-lo, em vez de um livro esotérico ou um de auto-ajuda, que ocupam quase todos os espaços de destaque nas *megastores*, deu um primeiro passo. Se ler a novela, cujo narrador logo de início declara ter noventa anos, entrará num pacto com uma voz estranha, diferente da sua, e estará em transformação dialógica. Se chegar ao final da leitura sem sentir falta de cenas de sexo, terá se dedicado a um exercício intelectual e estético diferenciado. Se apreciar a linguagem "à vontade" do narrador, estará encontrando afinidades estilísticas literariamente promissoras. Se se emocionar com a possibilidade de um grande e louco amor na extrema velhice, estará se tornando capaz de identificações catárticas deslocadas, surpreendentes, como só a arte pode oferecer.

Para terminar, espero ter deixado claro que a formação de milhões de leitores brasileiros é possível, tanto nas escolas quanto nas ruas, desde que ocorram circunstâncias felizes, seguidas de leituras personalizadas, enriquecedoras. Certamente, não vamos querer excluir dessa experiência de formação nem os marginais nem os mais vendidos, na fragmentada e cara história do conhecimento estético humano.

Referências

GARCÍA MÁRQUEZ, Gabriel. *Memória de minhas putas tristes.* Rio de Janeiro: Record, 2005.

GARCÍA MÁRQUEZ, Gabriel. *Ninguém escreve ao coronel.* Rio de Janeiro: Sabiá, 1968.

KAWABATA, Yasunari. *A casa das belas adormecidas.* São Paulo: Estação Liberdade, 2004.

Capítulo 10

A FORMAÇÃO DO LEITOR EM LIVROS DE MEMÓRIAS: LEITURAS DE *INFÂNCIA*, DE GRACILIANO RAMOS, E *O MENINO DA MATA E SEU CÃO PILOTO*, DE VIVALDI MOREIRA

Hércules Corrêa

Este artigo procura refletir sobre a formação do leitor em dois livros de memória: *Infância*, de Graciliano Ramos, e *O menino da mata e seu cão Piloto*, de Vivaldi Moreira[1]. Foram observadas as formas de interação dos narradores com os seus contextos socioculturais, segundo os conceitos de capital[l], herança e transmissão culturais, oriundos da sociologia da educação.

Justificamos este trabalho pela necessidade de refletir sobre trajetórias de letramentos de leitores que se tornaram escritores. Esclarecemos ainda que este trabalho se insere numa linha de pesquisa que investiga um tipo específico de literatura: a de memória. Aqui, procura-se ler o livro memorialístico em busca da formação do escritor a partir de suas leituras, principalmente as literárias. Vale lembrar que, nesta pesquisa, trata-se a literatura como um documento estetizado: ao mesmo tempo depoimento sobre uma época, uma vez que são textos de memória, e resultado de elaboração artística, já que se tem como *corpus* a obra literária. Boris Fausto, em texto publicado na

---

[1] Todas as referências às obras foram feitas com base nas seguintes edições: RAMOS, Graciliano. *Infância*. 25. ed. Rio de Janeiro: Record, 1993. MOREIRA, Vivaldi Moreira. *O menino da mata e seu cão Piloto*. Belo Horizonte: Imprensa Oficial, 1981.

Folha de S. Paulo do dia 10 de julho de 2005, ressalta que "é tradicional na historiografia a utilização de textos literários para apreender traços essenciais das sociedades do passado", apontando os exemplos dos escritores Dostoievski, Balzac e Machado de Assis, que tão bem representaram sua época e seus países. Esta pesquisa procura pensar a questão do letramento, na perspectiva da história da educação, a partir de textos literários. O texto memorialístico, pela sua especificidade, funda-se na experiência que o escritor tem com a sua realidade, mesmo que seja uma forma de representação escrita que não tenha o mesmo compromisso que o documento histórico.

As leituras dos memorialistas

Podemos identificar, na trajetória dos escritores focalizados, a gênese de seus estilos, de suas formas de expressão. Graciliano Ramos é seco, árido, lacônico, como a sua própria terra – o sertão brasileiro. Vivaldi Moreira é prolixo. Detalhista em suas recordações, filosófico em muitas partes de seu livro. Nota-se, nas duas obras, cada qual a seu modo, grande preocupação e cuidado com a língua portuguesa, resultando produções esmeradas do ponto de vista lingüístico.

Valendo-se de espaços geográficos e de contextos familiares e sociais diferentes, embora tenham sido escritores contemporâneos, pretende-se identificar as formas de letramento inicial desses leitores-escritores.

A história do "Menino da Mata" é importante para ambos: proibido, pela prima Emília, de ler o folheto amarelo encontrado na loja do pai, com a história do Menino da Mata, o narrador de *Infância* vê seu mundo ruir:

> Era como se me fechassem uma porta, porta única, e me deixassem na rua, à chuva, desgraçado, sem rumo. Proibiam-me de rir, falar alto, brincar com os vizinhos, ter opiniões. Eu vivia

numa grande cadeia. Não, vivia numa cadeia pequena, como papagaio amarrado na gaiola.

[...]

Chorei, o folheto caído, inútil. O menino da mata e o cão Piloto morriam. E nada para substituí-los. Imenso desgosto, solidão imensa. Infeliz o menino da mata, eu infeliz, infelizes todos os meninos perseguidos, sujeitos aos cocorotes, aos bichos que ladram à noite.

[...]

Ai de mim, ai das criaturas abandonadas na escuridão. Chorei muito. E não me atrevi a ler *O Menino da Mata e o seu Cão Piloto.*" (p. 202-203)

A mesma prima, em outros trechos do livro grande incentivadora do gosto do menino pela leitura, nesse momento coloca-se como a figura que interdita os sonhos do garoto, justificando por motivos religiosos sua proibição: ler aquele texto seria pecado, porque se tratava de livro "excomungado, escrito por um sujeito ruim, protestante, para enganar os tolos" (p. 200). De nada valeram os argumentos do menino Graciliano, que falou da bondade da personagem e do cachorro. Emília contra-argumentava, dizendo que era a tentação do diabo, simulando boa aparência. Convenceu o menino Graciliano, "ignorante e novo": "Se o livro tinha procedência má, boa coisa não podia ser" (p. 201).

Dona Tita, mãe de Vivaldi Moreira, narrou-lhe inúmeras vezes o conto popular, a ponto de o escritor tomar-lhe o título de empréstimo para suas memórias, a despeito da preocupação de sua filha Maria do Céu: "Papai, os outros vão dizer que você plagiou, que não tem imaginação." Lóide, seu cão de estimação na infância, era o seu Piloto. E Vivaldi não perdeu cedo os pais nem foi abandonado pelos irmãos, como o menino do conto, embora tenha crescido na Zona da Mata de Minas Gerais.

Graciliano Ramos desde muito cedo conviveu com homens rudes e grosseiros: o pai severo, para quem a maior importância dos livros estava no de contas-correntes (p. 48); vaqueiros, colonos, professores mal preparados. Em um ambiente agreste, em meio à pobreza do sertão nordestino, o menino Graciliano aprende as primeiras letras, com o pai, com a irmã natural Mocinha e em escolas rurais.

Vivaldi Moreira, nascido em uma família de origem rural mineira, tem pai e mãe que valorizam a leitura e a formação escolar: seu pai assinava jornais cariocas, que chegavam semanalmente à Fazenda do Tanque – como o *Correio da manhã* e *O Jornal,* de Assis Chateaubriand; a mãe recebia a revista *Vida doméstica*, com as novidades da cultura européia; para o menino Vivaldi o pai assinava a famosa revista infantil *Tico-Tico* (p. 35).

O livro de memórias *Infância,* de Graciliano Ramos, foi publicado em 1945 e tem uma série de referências ao processo de letramento do seu narrador. A obra traz, inclusive, dois capítulos intitulados "Leitura" e "Escola", além de vários outros com nomes ou referências a professores.

O narrador de *Infância* teve, inicialmente, uma relação complicada com a alfabetização e com a leitura, não tendo tido, em seu meio familiar, motivações que o tornassem, num primeiro momento, um leitor: a incapacidade e a falta de didática do pai ao tentar alfabetizá-lo, narrada no capítulo "Leitura", acabam por fazer o narrador afirmar, por duas vezes, no capítulo "Os astrônomos", que aos nove anos ainda não sabia ler e escrever (p. 187-188). As dificuldades de leitura do menino Graciliano podem ser ilustradas pela conhecida passagem, do capítulo "Leitura", em que o narrador, ao deparar com a forma mesoclítica "ter-te-ão", no provérbio "fala pouco e bem: ter-te-ão por alguém", pensa se referir a um homem: o senhor Terteão (p. 99).

Imagens vão e vêm na mente, tanto na do narrador quanto na do leitor do primeiro capítulo de *Infância,* que recebeu o sugestivo título de "Nuvens". Essas imagens tematizam o universo rural: um vaso de pitombas, açudes, abóboras, vaqueiros, *sinhas;* em meio a elas, a imagem de uma sala de aula, com alunos que soletravam: "– Um b com um a – b, a: ba; um b com um e – b, e: be." (p. 8). "Um velho de barbas longas dominava uma mesa negra" (p. 8): assim o narrador via o professor numa sala repleta de meninos sentados em bancos sem encosto a "esgoelar" a soletração. "A escola servira de pouso numa viagem" (p. 9) do interior das Alagoas para o sertão de Pernambuco, para onde a família migrava. Em meio a condições adversas, o menino se lembra das lições do velho professor, da irmã natural na sala de aula e do colono José Baía e seus versos populares. Também significativa é a lembrança da mãe, que lia romances, mesmo com dificuldade, gaguejando, e recitava partes deles ao embalar o filho na rede (p. 13-14 e p. 63).

A despeito da malograda experiência de alfabetização, realizada pelo pai, aparecem na vida do narrador personagens que começam a proporcionar-lhe a aproximação com os livros: no capítulo "Samuel Smiles", menciona as histórias contadas pela professora Agnelina: "Essa professora atrasada possuía raro talento para narrar histórias de Trancoso. Visitava-nos, prendia-nos até meia-noite com lendas e romances, que estirava e coloria admiravelmente. Nada me ensinou, mas transmitiu-me afeição às mentiras impressas" (p. 194). Apesar da afirmação de que a professora nada ensinara ao narrador-protagonista, o excerto se fecha com uma afirmação extremamente importante: a afeição às "mentiras impressas", onde se pode ler "ficção" ou "narrativas literárias". O gosto pelas histórias, tão importante na formação do leitor, está aí colocado. Ana Lúcia Guedes-Pinto e Roseli Aparecida Cação Fontana (2004) ressaltam a importância das personagens femininas no processo de formação do leitor Graciliano Ramos.

O apoio à leitura vem também da prima Emília e de Jerônimo Barreto. Márcia Cabral da Silva (2001) compara a descoberta da leitura, para Graciliano Ramos, como um "terrível rito de passagem" – no qual o tabelião Jerônino Barreto torna-se uma figura importantíssima, uma vez que tal personagem, leitor contumaz, disponibiliza para o narrador a sua biblioteca pessoal. Decidido a ler, não os "compêndios escolares insossos, mas aventuras, justiça, amor, vinganças, coisas até então desconhecidas", Graciliano procura o tabelião, que gentilmente lhe "abriu a estante", entregando-lhe não apenas o romance *O Guarani,* de José de Alencar, mas franqueando-lhe todas as suas coleções.

Vivadi Moreira, escritor e bacharel em Direito, presidente da Academia Mineira de Letras por muitos anos, publicou *O menino da mata e seu cão Piloto* em 1981. Em suas memórias, o autor traça um painel de sua existência, começando pela infância na Fazenda do Tanque, propriedade de sua avó materna, subdividida entre seus tantos filhos, entre eles *seu* Pedro Moreira, pai do narrador, fazendeiro e comerciante, como o pai de Graciliano Ramos.

Diferentemente de Sebastião Ramos, porém, Pedro Moreira é descrito como "infatigável ledor": "Quando não estava ocupado, fazendo qualquer coisa, tinha, sempre, um livro à mão. Possuía muitos romances e uma edição das *Mil e uma noites,* em quatro tomos (p. 38-39). A mãe, D. Tita, assinava a revista *Vida Doméstica,* "que [...] punha a todos a par do *grand monde,* da *haute gomme,* daqueles tempos da Gigolette, da La Garçonne, de um mundo diferente, que surgia dos escombros da guerra européia" (p. 35). Era, entretanto, uma mulher de poucas letras, embora inteligente (p. 53). Em outro momento, Vivaldi refere-se às leituras pragmáticas da mãe: a biografia de Henry Ford ou os livros de Orion S. Marden, espécie de auto-ajuda da época (p.175).

"O menino da mata" sonhava em ir para Oxford, aprender de tudo, "saber coisas", "nada de ser doutor" (p. 37), porque, para ele, ser médico, advogado ou engenheiro era algo por demais banal, ele queria era fazer o que os grandes homens que figuravam nos jornais da época faziam. O sonho de ir para Oxford se frustrou com a falência dos negócios familiares, mas a trajetória do menino registra sua ida da Fazenda do Tombo, na comarca de Carangola, para o colégio, em Muriaé, aos quatorze anos, depois para a cidade de Carangola, passando também por Alto Jequitibá (hoje Presidente Soares) e em seguida para a Faculdade de Direito, no Rio de Janeiro.

O gosto pelas palavras, talvez aí a centelha do escritor, já aparece na infância do memorialista: encantava-se com a palavra "algarismo", de origem árabe, pronunciada de modo especial pelo pai; refere-se também ao fascínio pelas palavras "viandante" e "noutes" (p. 54). Mesmo tendo professores medíocres no aprendizado das primeiras letras, como o guarda-livros do pai, o senhor Bernardino de Morais (p. 54 e 78), o menino Vivaldi encantou-se com o *Novo terceiro livro de leituras*, de Hilário Ribeiro. Através das páginas desse livro, que ele considera ter aberto as portas do mundo para ele (p. 52), "viajou" pela Europa: conheceu Paris, Gênova e Veneza, entre outras. Vivaldi menciona também a existência de cadernos de leitura, onde anotava, desde 1933, os livros que lia (p. 59).

Vivaldi Moreira foi uma espécie de enciclopedista, porque lia de tudo. Ele mesmo afirmou em entrevista a Magda Lenard, do *Diário da Tarde* (27/10/81): "Se você falar, por exemplo, em fabricação de tonéis, redução de minério de ferro, tecnologia, qualquer assunto, eu sei qualquer coisa a respeito. Sou meio enciclopedista." No seu acervo pessoal, de 20 mil exemplares, na Academia Mineira de Letras desde meados dos anos 80, encontram-se obras como o livro de *Anatomia Topográfica*, de Testut & Jacob, muitas obras de referência, livros de Sociologia e de Filosofia, lém de literatura brasileira, inglesa, francesa, italiana, espanhola, russa, etc.

O intelectual e acadêmico mineiro chegou a elaborar uma lista intitulada "as cem maiores obras da humanidade para um brasileiro penetrar na cultura ocidental". A lista apresenta 102 itens, muitos dos quais não citam apenas uma obra, mas toda a produção de um autor, como os itens 1 (Platão – Todo o filósofo) e 2 (Aristóteles – Todo o filósofo), o item 15 (Shakespeare – Toda a obra teatral).

Além de clássicos da literatura universal (por exemplo, Homero, Dante, Cervantes, Virgílio, Goethe, Rabelais), Vivaldi Moreira incluiu na sua lista literatura brasileira (Machado de Assis e Raul Pompéia), livros de Filosofia, antiga e moderna (Platão, Aristóteles, Montaigne, Spinoza, Bérgson, entre outros), autobiografias (como as de Santa Teresa de Ávila e de Joaquim Nabuco), Sociologia (Gilberto Freyre), entre outros gêneros. Percebe-se, na leitura de *O menino da mata e seu cão Piloto,* toda a erudição do autor. Na orelha do livro, encontra-se o seguinte fragmento do texto, bastante citado na imprensa, quando do lançamento da obra:

> Descrevo os tipos eternos, os paradigmas, as matrizes, dos quais todos os outros, que depois topei na vida na dura caminhada empreendida, não são senão meras cópias aumentadas, *posters*, ampliações caprichadas, cheias de sofisticação". (p. 14)

E mostra que em Cervantes, em Dumas Filho ou em Proust, estão ali personagens que conviveram com seus autores: "Em qualquer livro de fama universal, a humanidade que vimos em suas páginas foi retirada da aldeia ou cidade em que residiu o autor" (p. 15). Vivaldi Moreira afirma também em entrevista ao jornal *Diário da Tarde* (27/10/81), que seu projeto era fazer um estudo sociológico sobre a Zona da Mata mineira, mas não o realizou. O apêndice intitulado "A Mata Mineira" deixa isso claro.

O amor do acadêmico pelos livros manifestou-se, inclusive, em um dos seus *hobbies*: além de dedicar-se a plantar árvores frutíferas no quintal da casa da Rua Professor Moraes, Vivaldi Moreira, enquanto ouvia as suas leituras prediletas na voz da sua "ledora oficial", a bibliotecária Marília Moura Guilherme, encadernava artesanalmente os seus livros, escrevendo-lhes os títulos nas lombadas com caneta prateada. Marília Guilherme leu 1993 obras em voz alta para seu patrão e amigo. De acordo com a bibliotecária, graças às leituras, ela tinha a sensação de ter cursado cinco faculdades. Pelas manhãs, a "ledora" Marília, à semelhança do que fazia Alberto Manguel para o escritor argentino Jorge Luís Borges, lia para Vivaldi Moreira livros em português e em espanhol. Os livros em italiano, espanhol e francês (que Vivaldi aprendera sozinho) eram lidos à noite, no original. Vivaldi Moreira lia ainda em inglês e em latim, língua fundamental, à época, para quem estudava Direito.

Durante 20 dias, em 1951, Vivaldi Moreira escreveu e defendeu a tese *Sociologia da crise*: conceitos sociológicos da obra de José Ortega y Gasset ou *A sociologia como ciência da crise*, para concorrer à cátedra de Sociologia do Instituto de Educação de Minas Gerais. Entretanto, atuou por pouco tempo no magistério, tendo se dedicado, em vida, ao Tribunal de Contas do Estado de Minas Gerais, de onde foi ministro e presidente, e à Academia Mineira de Letras, para o qual foi eleito presidente em 1959 e permaneceu no cargo até sua morte, em 26 de janeiro de 2001, aos 88 anos.

À época em que o livro de memórias de Vivaldi Moreira foi publicado, intelectuais, de Minas e de outros Estados, escreveram críticas e resenhas sobre ele na imprensa mineira. Entre esses estudos, destaca-se a crítica literária de Oscar Mendes, na coluna intitulada "Alma dos Livros", publicada no *Estado de Minas* (24/10/81) que, embora elogie bastante o livro, associando-o a Proust, critica a inserção de páginas de diário e de entrevistas, não sem antes se desculpar com o colega e de ressaltar que o dever do crítico é também "fazer ressalvas a respeito da composição do livro". Elegantemente, Vivaldi Moreira rebate a crítica do colega, ao dizer, em entrevista a Airton Guimarães, publicada no *Estado de Minas* de 11/11/81, que ele se esquecera de que também Joaquim Nabuco, autor de um clássico memorialístico brasileiro, introduzira páginas de seu diário no seu *Minha formação*.

Elogios à obra são feitos por Otto Lara Resende, em carta endereçada ao autor e em parte reproduzida na imprensa: "Quanto ao seu Menino da Mata, li com muito agrado. Basta dizer que comecei e, praticamente não parei, a não ser para dormir um pouco. Infância bonita, família estruturada, belos perfis, como o de seu Pai e de sua Mãe, os agregados tão curiosos – tudo humano e bom, saudável e saudoso" (*Suplemento Literário* do *Minas Gerais*, 17/10/81).

As heranças culturais dos memorialistas

A Sociologia de Pierre Bourdieu caracteriza-se por não entender o homem de maneira autônoma, desvinculado da realidade social, nem como um sujeito constituído completamente por essa realidade. Para Bourdieu, o homem se constitui nos diversos *campos* – entendidos como certos espaços de posições sociais nos quais determinado tipo de bem é produzido, consumido e classificado – em razão de seu *habitus*, ou seja, um conjunto de disposições interiorizadas pelos sujeitos de acordo com o meio social e que leva a certos comportamentos, um princípio gerador e estruturador das práticas e das representações.

Também para Bourdieu, a distinção de classe não se liga somente à questão econômica, mas também à questão cultural. De acordo com Bourdieu e seus seguidores, além de um *capital econômico*, existe ainda o capital *cultural*, este último passível de ser *herdado* pelos descendentes das famílias detentoras dele à semelhança de um bem material. A posse desses tipos de capital é que determinaria a manutenção do sujeito em uma dada posição social ou que lhe permitiria uma mobilidade social, no sentido de ascender a certas posições. O capital cultural, aquele que mais nos interessa aqui, pode se apresentar, conforme Bourdieu, em três modalidades: objetivado, incorporado e institucionalizado. O primeiro relaciona-se à propriedade de bens culturais, como livros e obras de arte; o segundo diz respeito à cultura internalizada pelos indivíduos (variedade lingüística utilizada, preferências e hábitos culturais, conhecimentos, por exemplo) e o terceiro refere-se à posse de certificados escolares, os diplomas, que atestam para a sociedade a formação acadêmico-cultural dos indivíduos. Bourdieu tem sido criticado por seu ceticismo com relação às possibilidades de mobilização social, mas há que se perceber a relativização colocada pelo sociólogo em seus estudos.

Dessa forma, Bourdieu e seus seguidores relacionam e condicionam o sucesso escolar à herança cultural. Aqui, não tratamos de sucesso escolar, mas procuramos pensar a formação do escritor com base em sua formação de leitor, um sujeito imerso em um ambiente sociocultural. Bourdieu tem sido criticado, principalmente, devido a um certo determinismo de suas teorias (LAHIRE, 1997). As conclusões de nossas pesquisas também nos levam a identificar sujeitos que se sobressaíram à revelia de suas parcas *heranças culturais*, ao lado de sujeitos que souberam aproveitar a *herança* que receberam, apropriando-se muito bem dela.

Um dos mais representativos escritores da literatura brasileira, "o velho Graça"- como é carinhosamente referido – é o filho primogênito de dezesseis que teriam seus pais, Sebastião Ramos de Oliveira e Maria Amélia Ferro Ramos. Graciliano viveu sua infância nas cidades de Viçosa e Palmeira dos Índios (AL) e Buíque (PE), sob o regime das secas e das surras que lhe eram aplicadas por seu pai, que o fizeram alimentar, desde cedo, a idéia de que todas as relações humanas eram regidas pela violência. A família de Graciliano Ramos não pode ser considerada detentora de capital cultural erudito, em nenhuma das três modalidades apontadas por Bourdieu: objetivado, incorporado e institucionalizado. O pai era um pequeno comerciante, em cidades do interior brasileiro, embora também tenha alcançado certos êxitos, como o de tornar-se juiz substituto (ver capítulo "Venta-Romba"). Era um sujeito rude, de poucas letras.

Vivaldi Moreira, descendente de um comerciante leitor, *herda* de sua família e de seu círculo de amigos o amor pelas letras. Com uma trajetória de vida marcada por leituras filosóficas e literárias, Vivaldi Moreira pode ser considerado um "homem dos livros".

Graciliano Ramos não pode ser considerado *herdeiro* de uma cultura erudita. A leitura de *Infância* aponta claramente para isso. Curiosamente – ou ironicamente – ele alcançou um lugar de destaque no cânone literário brasileiro, contrariando o que se poderia prever a teoria sociológica de Bourdieu.

Entretanto, é importante lembrar que *Infância* é uma obra que se aproxima de uma ficcionalização da memória. Antonio Candido já tratou muito bem dessa questão em *Ficção e confissão*. *O menino da mata e seu cão Piloto* através de algumas pistas textuais – como nomes completos de familiares, localizações temporais e espaciais mais específicas – propõe ao leitor um pacto autobiográfico, como chamou Phillippe Lejeune (1975), muito maior que *Infância*, que proporciona, ambiguamente, um pacto ficcional mesclado a um pacto autobiográfico.

Pode-se concluir que as trajetórias dos narradores, entre outros fatores, aqui não considerados, devido aos objetivos e às limitações da análise, levaram à formação de escritores com características bem distintas, como já se apontou. Essas obras autobiográficas/memorialísticas, com suas diferenças e especificidades, merecem a atenção de pesquisadores que procuram reunir, hoje, literatura e educação, buscando compreender a formação do leitor literário e suas relações com a formação do escritor.

Referências

BOURDIEU, Pierre; PASSERON, Jean-Claude. *A reprodução*: elementos para uma teoria do sistema de ensino. Rio de Janeiro: Francisco Alves, 1975.

BOURDIEU, Pierre. *Escritos de educação*. 2. ed. Petrópolis: Vozes, 1999.

CABRAL DA SILVA, Márcia. A criança e o livro: memória em fragmentos. Texto disponível na internet: <http://www.educacaoonli ne.pro.br/acriancaeolivro.asp>.

CABRAL DA SILVA, Márcia. *Infância, de Graciliano Ramos: uma história da formação do leitor no Brasil.* Campinas: IEL/UNICAMP, 2004. (tese de doutorado)

CANDIDO, Antonio. *Ficção e confissão*: ensaios sobre Graciliano Ramos. Rio de Janeiro: Editora 34, 1992.

FAUSTO, Boris. Elzira, Odete Roitman e a história. In: *Folha de S. Paulo*, Caderno Mais!, 10 de junho de 2005.

FAVERO, Afonso Henrique. *Aspectos do memorialismo brasileiro*. São Paulo: FFLCH/USP, 1999. (tese de doutorado)

GUEDES-PINTO, Ana Lúcia; FONTANA, Roseli Aparecida Cação. As mulheres professoras, as meninas leitoras e o menino leitor: a iniciação no universo da escrita no patriarcalismo rural brasileiro. Uma leitura a partir de *Infância* de Graciliano Ramos. *Cadernos CEDES*, v. 24, n. 63, Campinas, maio/agosto 2004.

LAHIRE, Bernard. *Sucesso escolar nos meios populares*: as razões do improvável. São Paulo: Ática, 1997.

LEJEUNE, Phillippe. *Le pacte autobiografique.* Paris: Ed. Seuil, 1975.

MOREIRA, Vivaldi. *O menino da mata e seu cão Piloto.* Belo Horizonte: Imprensa Oficial, 1981.

NOGUEIRA, Cláudio Marques Martins; NOGUEIRA, Maria Alice. A sociologia da educação de Pierre Bourdieu: limites e contribuições. In: Revista *Educação & Sociedade*, v. 23, n. 78, Campinas, abril de 2002. Dossiê: Pierre Bourdieu

RAMOS, Graciliano. *Infância.* 25. ed. Rio de Janeiro: Record, 1993.

Capítulo 11

A TRAIÇÃO AUTOBIOGRÁFICA

Eneida Maria de Souza

Recusar o prêmio Nobel de Literatura, após a publicação em 1964 de *As palavras,* foi a resposta de Sartre ao risco de se deixar converter em instituição, em "estátua de si mesmo" ou de se tornar "patrimônio nacional". A construção da imagem que nega o culto da personalidade, do escritor que se exprime mais por infidelidade a si próprio do que por obediência a padrões estabelecidos, justifica o desprezo por um dos maiores ritos de consagração do escritor. Motivado pela energia criativa, pelo dispêndio como força necessária à crítica da sociedade burguesa da qual é um de seus atores, Sartre rejeita a posse do dinheiro como reserva e acúmulo, preferindo considerá-lo como dom, como moeda gasta sem escrúpulo, fogo que se queima no ato da doação. O ganho simbólico se reverte na eterna rebeldia e na intransigência diante do poder conservador, ingredientes exigidos para a prática da liberdade como princípio norteador do sujeito.

No empenho de viver para a literatura e de se alimentar da alegria que a escrita lhe proporciona, Sartre gasta a vida escrevendo, com a ajuda de psicotrópicos que irão causar, mais tarde, danos à saúde. A vitalidade se mescla à entrega desmesurada à causa do outro, à certeza de que a sua infatigável fome de palavras – que remonta aos seus primeiros anos -, lhe traria condições de melhor pensar o mundo. Segundo Bernard-Henri Lévy, essa entrega às drogas é o que justifica o excesso e a abundância vitais como forma de se ter uma visão ampla de tudo: "Mas o que ele diz desde já, o que sempre disse e repetirá até o fim, é que a escrita é uma droga. Uma verdadeira droga. Uma autointoxicação permanente do escritor por si próprio e da literatura pelos seus próprios encantos e toxinas".[1]

Comemorar o centenário de nascimento do escritor não estaria também contrariando o seu projeto de intelectual, em desacordo com as honrarias e salamaleques da classe burguesa? Não seria um gesto de mumificação de sua imagem? Acredito que não. Pela presença maciça de 50.000 pessoas ao seu funeral, em 19 de abril de 1980, confirma-se a importância e a popularidade do pensador Sartre para o mundo, para os estrangeiros residentes em Paris, principalmente vindos do Terceiro Mundo. Muito se comentou, à época, sobre a sua morte, como sendo a morte do último filósofo, do último intelectual francês. As homenagens em torno de seu centenário têm ainda a função de consagrá-lo ainda mais, embora não se deva esquecer de acentuar a contraditória imagem que ele mesmo ajudou a construir.

Embora cioso dessa imagem, ao romper com o sentimento narcisista comum à maioria dos autores, Sartre transforma sua vida em obra autobiográfica, ao escolher o ofício de escritor como razão da existência. Sua autobiografia escrita, *As palavras,*[2] demonstram, sob o olhar do autor já adulto, a obsessão do menino prodígio pelo universo ficcional da literatura, a paixão pelas palavras, lidas como simulacros da realidade. Considerada obra-prima pela crítica, pelo vigor do estilo e da desconstrução da

---

[1] LÉVY, Bernard-Henri. *O século de Sartre*. Trad. Jorge Bastos. Rio de Janeiro: Nova Fronteira, 2001. p. 246.

[2] SARTRE, Jean-Paul. *As palavras*. Trad. De J. Guinsburg. Rio de Janeiro: Nova Fronteira, s/d.

narrativa tradicional autobiográfica, o livro se notabiliza pela ausência do relato sensacionalista sobre as possíveis façanhas de Sartre na idade adulta, encenadas nos lugares hoje mitológicos e antes freqüentados pelo bando de jovens existencialistas. Reduziu o texto ao destino familiar e pessoal que o fez tornar-se escritor. Sem idealizar a infância ou a se furtar a desconstruir o ambiente burguês no qual se criou, *As palavras* são o testemunho do intelectual que reflete sobre a sua situação no presente, dotado da responsabilidade para com o outro e disposto a confessar ser a escrita o mais cobiçado projeto existencial.

A autobiografia corresponde, em termos cronológicos, ao período que vai do nascimento até os 12 anos do jovem Sartre, momento que coincide com o segundo casamento da mãe. Devido à perda precoce do pai, a criança é envolvida num ambiente familiar propício à concessão do excesso de cuidado na sua criação. Cercado pela proteção dos avós maternos e por sua mãe, vive no meio de livros e se entrega ao ritual de iniciação, à leitura e à entronização no meio letrado da sociedade francesa do princípio do século XX. Violentado pela separação daquela que seria menos a mãe do que a futura noiva ou irmã, a companheira de infância, o escritor vai se recusar a escrever suas "memórias" por não crer na singularidade da existência, mas na sua múltipla configuração: "Ora, malgrado as aparências, sou um falso personagem secundário" (p. 171).

É na biblioteca familiar que o pequeno leitor vai conviver com os amigos ficcionais, personagens nascidas dos livros e que vão povoar o seu imaginário universo infantil. Arredio ao convívio com a natureza, estrábico, franzino e feio, Sartre constrói um mundo alternativo, acreditando ter sido gerado pela escrita e, contrariamente à tradição familiar, sendo capaz de gerar a própria vida: "Filho de ninguém, fui minha própria causa, cúmulo de orgulho e cúmulo de miséria" (p. 82). *As palavras*, contudo, não se reduzem ao simples relato de infância. Trata-se de uma auto-análise, um romance de aprendizagem, ode à mãe e uma prestação de contas com a família, por meio de uma crítica feroz à pequena burguesia intelectual da qual é oriundo. Inverte ainda o esquema da autobiografia tradicional, ao lançar pistas, optar por uma estratégia que rompe com o acúmulo de informações e instaura o vazio e o silêncio na escrita.

Trai ainda a celebração da infância como paraíso perdido, a valorização da família como célula da sociedade, ao negar a morte do pai e, conseqüentemente, todo direito à herança paterna e à continuidade familiar. Os laços de parentesco se embaralham, os papéis sociais se invertem, o que provoca, em Sartre, a capacidade de imaginar outra fórmula autobiográfica, rompendo com a fatalidade da genealogia. Uma vez negada a linhagem paterna, impõe-se a materna, na figura do avô, que o atirou na literatura e que mais tarde o escritor consagrado vai revelar ter sido a sua prática literária uma forma de cumprir o desejo manifesto de Charles Schweitzer: "Em suma, ele me atirou na literatura pelo cuidado que despendeu em me desviar dela: a tal ponto que me acontece ainda hoje perguntar-me, quando estou de mau humor, se não consumi tantos dias e tantas noites, se não cobri tantas folhas com minha tinta e lancei no mercado tantos livros que não eram almejados por ninguém, na única e louca esperança de agradar a meu avô" (p. 118).

A escrita literária tem a liberdade de engendrar autobiografias falsas, instaurar genealogias bastardas e permitir o livre trânsito entre presente, passado e futuro. O escritor adulto, ao escrever sua vida, engendra a si próprio, por negar o estatuto convencional das funções familiares. O pai, pela morte precoce, não teve, aos olhos do filho, tempo de ser seu pai, tornando-se, no momento da escrita autobiográfica, filho do filho-escritor; por seu lado a mãe, viúva e novamente sob as ordens paternas, vai se mostrar frágil e dependente, o que exigirá a proteção do filho, invertendo-se o papel a ela destinado: "Houvesse vivido, meu pai ter-se-ia deitado sobre mim com todo o seu comprimento e ter-me-ia esmagado. Por sorte, morreu moço; em meio dos Enéias que carregam às costas seus Anquises, passo de uma margem à outra, só e detestando todos esses genitores invisíveis montados em seus filhos por toda a vida; deixei atrás de mim um jovem morto que não teve tempo de ser meu pai e que poderia ser, hoje, meu filho. Foi um mal, um bem? Não sei; mas subscrevo de bom grado o veredicto de um eminente psicanalista: não tenho superego" (p. 16-17).

A invenção da família é a façanha do escritor na sua vida/obra autobiográfica. Arredio ao matrimônio burguês, à legalização da união entre homem e mulher, Sartre foi o amante oficial de Simone de Beauvoir, sua companheira durante toda a existência. Mas a infidelidade amorosa faz também parte desse pacto celibatário, pois ambos se relacionam livremente com os demais parceiros, sem o sentimento de serem propriedade privada um do outro. A solidariedade humana se estende também para o convívio amoroso, uma forma de o escritor sublimar a falta da mãe, ao considerar o relacionamento segundo critérios de fraternidade, união incestuosa que reúne literatura e existência: "Graças ao quê, talvez, os anos quatorze foram os mais felizes da minha infância. Minha mãe e eu contávamos a mesma idade e não nos largávamos. Ela me chamava seu *chevalier servant*, seu homenzinho" (p. 157).

Nos últimos anos de vida, em situação precária de saúde, cego e dependente, o celibatário que nunca se casou e que não quis ter filhos, assume Arlette Elkaïm como filha adotiva, moça judia que "tentava servir de olhos para ele", ajudando-lhe na correção de textos e na leitura. Trata-se do reencontro com o espectro da mãe, de cujo convívio amoroso foi prematuramente afastado. Inventar o passado e resgatá-lo pela simulação da imagem materna instaura o espaço imaginário em que se cruzam ficção e realidade, escrita e vida. A opção por esse espaço transgressor vai fundamentar toda a trajetória autobiográfica de Sartre.

Abraçar a filosofia existencialista significava, para o escritor, não só desfazer os limites familiares, mas ainda ampliá-los para o espaço público, para o debate na rua, um convite à exteriorização e à transparência de saberes aprisionados nos gabinetes. Definido tanto como uma filosofia nascida do cruzamento de Kierkegaard e da fenomenologia alemã, quanto um "estilo de vida", uma maneira de existir que aspirava às liberações motivadas pelo ambiente da pós-guerra, o existencialismo inaugura a prática biográfica como contraparte da teórica. Recusa separar a filosofia da política, a literatura da ciência, o doméstico do público, o sujeito do objeto. Inserido ainda nesse processo de deslocamento do espaço endogênico da cultura francesa, Sartre se volta para o exterior, seja por meio das leituras e da predileção pelo romance americano, pelo cinema e pelo jazz, seja se entregando às causas políticas defendidas pelo Terceiro Mundo.

Na condição de um pensador moderno, desde cedo se torna sensível a outras culturas e às diferentes manifestações artísticas, como o jazz e o cinema americano, o que lhe propicia o rompimento com critérios hierárquicos de arte, pela sedução que os clubes de jazz e as salas de cinema lhe proporcionam, experiências ligadas ao convívio mais próximo com a multidão e o imaginário coletivo. A saída para a ação na praça pública representa a necessidade de mobilizar conhecimentos e acreditar no deslocamento permanente como meio de revitalizar posições e buscar o novo como sinônimo de transgressão e liberdade. A reunião da filosofia e da música, do mundano com a reflexão legitima a corrente existencialista como estilo de vida que acompanha a modernização dos costumes e assume o risco contínuo da improvisação, inaugurada pela ousadia e popularidade do jazz americano de pós-guerra.

Usufruir de expressões artísticas consideradas inferiores pelos puristas, penetrar nas salas de projeção de filmes, desconfortáveis, mas igualitárias, complementam a formação do escritor, no seu engajamento futuro em favor das massas e dos marginalizados: "[...] quando muitos homens estão juntos, cumpre separá-los por meio de ritos ou então eles se chacinam. O cinema provava o contrário: mais do que uma festa, o seu público tão mesclado parecia reunido por uma catástrofe; [...] Tomei aversão pelas cerimônias, adorei as multidões; vi multidões de toda espécie, porém nunca mais encontrei aquela nudez, aquela presença sem recuo de cada um em todos, aquele sonho desperto [...]" (p. 88-89).

Desde criança, o deslocamento constituiu uma forma de resistência do escritor, personagem nômade no espírito e, literalmente, em virtude das mudanças constantes de residência, causadas pela morte do pai, pela convivência com os avós e com o novo casamento da mãe. Essa situação de estrangeiro e hóspede na sua própria casa alimenta as posteriores reações contra o sentido de propriedade e contra a ingênua noção de identidade vinculada aos bens materiais e à posse simbólica do sujeito. Sentindo-se sempre na condição de hóspede em sua casa, Sartre assim também se comporta em relação ao país de origem, indo contra a política colonialista francesa, em que se destaca o papel do filho que transgride os valores defendidos pelo pai, pela família política e a nação. Justifica-se, portanto, a sua preocupação com os irmãos postiços do Terceiro Mundo, dos filhos bastardos não reconhecidos pelas leis universais de cidadania e de direitos humanos. Como "viajante sem passagem", Sartre não abdicou do direito de estar permanentemente em conflito consigo mesmo e entregue à errância, à aventura e à busca do desconhecido: "Em meus raros minutos de dissipação, minha mãe me segredava: 'Tome cuidado! Não estamos em nossa casa!' Nunca estivemos em nossa casa: nem na rua Le Goff nem mais tarde, quando minha mãe tornou a casar-se. Eu não sofria com isso, pois me emprestavam tudo: mas eu continuava abstrato. Para o proprietário, os bens deste mundo refletem o que ele é; a mim, ensinavam-me o que eu não era: *eu não era* consistente nem permanente; *eu não era* o continuador futuro da obra paterna; *eu não era* necessário à produção do aço: em suma, eu não tinha alma" (p. 65).

Annie Cohen-Solal, a mais conceituada biógrafa de Sartre, no último ensaio intitulado *Sartre*[3], pondera sobre o seu papel de intelectual, interpretando-o a partir de sua repercussão atual no mundo e na França. Recupera a imagem do existencialista voltado para fora da Europa, quando observa que nos dias atuais tem sido mais festejado e valorizado nos países do Terceiro Mundo do que no seu lugar de origem. Registra o lugar do escritor como referência obrigatória no estrangeiro, não só pelas suas inúmeras viagens realizadas na década de 1960 à América Latina e a outros continentes, como pela atenção voltada para os conflitos religiosos e políticos verificados no correr dos últimos 50 anos. A biógrafa vai sustentar, com base nesses argumentos, a tese do olhar multicultural de Sartre e de sua importância para a formação do pensamento de esquerda no mundo. Não é de se estranhar que, na lista de escritores dedicados à preservação da herança sartriana, se incluem aqueles que também se dedicaram às causas políticas pós-colonialistas, suplementando a lição legada pelo intelectual: Susan Sontag, Edward Said, Salman Rushdie e Ernesto Sábato, entre outros. Na certeza de ser impossível classificar Sartre segundo critérios rígidos e institucionais, a autora reforça a sua posição marginal no universo tradicional francês e ressalta o seu lugar como intelectual crítico e engajado, figura hoje cada vez mais rara entre nós.

---

[3] COHEN-SOLAL, Annie. *Sartre*. Trad. Paulo Neves. Porto Alegre, L&PM Pocket, 2005.

As palavras finais desta minha participação nesta mesaredonda são retiradas da autobiografia de Sartre, na qual se constata uma das mais contundentes lições de intransigência e repúdio às falsas aparências e ao papel idealizado da autobiografia como forma de consagração do escritor: "Tornei-me traidor e continuei a sê-lo. Em vão me ponho de corpo inteiro no que empreendo, entrego-me sem reserva ao trabalho, à cólera, à amizade; num instante me renegarei, eu o sei, o quero e me traio já em plena paixão, pelo pressentimento jubiloso de minha traição futura" (p. 171).

Os autores

ANDRÉA ANTOLINI GRIJÓ
Mestre em Estudos Literários pela UFES e Doutoranda em Educação pela UFMG. Professora do Centro de Educação da Universidade Federal do Espírito Santo.
E-mail: agrijo@uol.com.br

APARECIDA PAIVA
Doutora em Literatura Comparada. Professora da Faculdade de Educação da UFMG. Pesquisadora do GPELL/CEALE-FaE/UFMG
E-mail: cida@fae.ufmg.br

ARACY MARTINS
Doutora em Educação. Professora da Faculdade de Educação da UFMG. Pesquisadora do GPELL/CEALE-FaE/UFMG.
E-mail: aracy.martins@terra.com.br

CECÍLIA GOULART
Doutora em Educação. Professora da Faculdade de Educação da Universidade Federal Fluminense. Pesquisadora do PROALE.
E-mail: goulartcecilia@yahoo.com.br

CIDA FALABELLA (MARIA APARECIDA VILHENA FALABELLA ROCHA)
Atriz, Diretora e professora de teatro. Professora do Centro Universitário UNI-BH. Mestranda em artes Visuais/Teatro pela Escola de Belas Artes da UFMG.
E-mail: falabellacida@hotmail.com

ENEIDA MARIA DE SOUZA
Doutora em Literatura Comparada. Professora Emérita da Faculdade de Letras da UFMG.
E-mail: eneidas@pib.com.br

GRAÇA PAULINO
Doutora em Teoria Literária. Professora da Faculdade de Educação da UFMG. Pesquisadora do GPELL/CEALE-FaE/UFMG.
E-mail: grpaulino@uaivip.com.br

HÉRCULES CORRÊA
Doutor em Educação. Professor do Centro Universitário UNI-BH. Pesquisador do GPELL/CEALE-FaE/UFMG.
E-mail: herculest@uol.com.br

LUDMILA ANDRADE
Doutora Educação. Professora da Universidade Federal do Rio de Janeiro.
E-mail: lud@litura.com.br

MARIA ANTONIETA PEREIRA
Doutora em Teoria Literária. Professora de Teoria da Literatura e Literatura Comparada da Faculdade de Letras da UFMG.
E-mail: litera.bhz@zaz.com.br

MARIA CRISTINA SOARES GOUVEA
Doutora em Educação. Professora da Faculdade de Educação da UFMG. Pesquisadora do Grupo de Estudos e Pesquisas em História da Educação (GEPHE/UFMG).
E-mail: crisoares43@yahoo.com.br

MARIA ZÉLIA VERSIANI MACHADO
Doutora em Educação. Professora da Faculdade de Educação da UFMG. Pesquisadora do GPELL/CEALE/FaE/UFMG.
E-mail: zeliav@terra.com.br

MARTA PASSOS PINHEIRO
Doutora em Educação pela Faculdade de Educação da UFMG.
E-mail: martapassaro@gmail.com

PATRÍCIA CORSINO
Doutora em Educação. Professora da Faculdade de Educação da Universidade Federal do Rio de Janeiro.
E-mail: patriciacorsino@terra.com.br

VERA TEIXEIRA DE AGUIAR
Doutora em Letras. Professora do Curso de Pós-Graduação em Letras da PUC/RS, Pesquisadora do CNPq.
E-mail: veaguiar@portoweb.com

QUALQUER LIVRO DO NOSSO CATÁLOGO NÃO ENCONTRADO NAS LIVRARIAS PODE SER PEDIDO POR CARTA, FAX, TELEFONE OU PELA INTERNET.

✉ Rua Aimorés, 981, 8° andar – Funcionários
Belo Horizonte-MG – CEP 30140-071

📱 Tel: (31) 3222 6819
Fax: (31) 3224 6087
Televendas (gratuito): 0800 2831322

@ vendas@autenticaeditora.com.br
www.autenticaeditora.com.br

ESTE LIVRO FOI COMPOSTO COM TIPOGRAFIA GATINEAU E IMPRESSO EM PAPEL OFF SET 75G. NA GRÁFICA DEL REY.
BELO HORIZONTE, JUNHO DE 2007.
